Margarete Wenzel | Anita Ortner

**Es war 1001 Mal**

2015
© **Verlagsanstalt Tyrolia,** Innsbruck
**Umschlagbild:** Anita Ortner, Wien
**Grafische Gestaltung:** Nele Steinborn, Wien
**Schriften:** Diaria Pro, Solex, Imagination Station
**Druck und Bindung:** Druckerei Theiss, St. Stefan

ISBN 978-3-7022-3488-1
**E-Mail:** buchverlag@tyrolia.at
**Internet:** www.tyrolia-verlag.at

Margarete Wenzel | Anita Ortner

# Es war 1001 Mal

## Märchenreisen durch Leben und Welt

Tyrolia-Verlag • Innsbruck–Wien

# Inhalt

## *Zu dumm ... oder weise?*

# Mündlich Erzählen

Wer Geschichten lauscht, pflegt und ordnet dabei die eigenen Erlebnisse.

Wer Geschichten lauscht, sieht, was es in der Welt und im Menschenleben gibt und wo sich Motive wiederholen.

Wer Geschichten erzählt, begreift Folgerichtigkeiten und Zusammenhänge, geht ins Detail und spürt aus den Reaktionen der Zuhörenden, wie die Erzählung runder und besser wird.

Erzählen ist also eine kluge, anspruchsvolle Tätigkeit. Aber sie ist zugleich vergnüglich. Geschichten werden einfach zur Unterhaltung erzählt.

Um zu erzählen und zuzuhören, kommen Menschen zusammen und nehmen sich Zeit. Dabei entsteht ein Austausch über das Leben im Allgemeinen und über Erlebnisse im Besonderen. Individuelles wird mit Allgemeinmenschlichem verglichen und es zeigen sich Übereinstimmungen.

Wer traditionelle Geschichten (Mythen, Volksmärchen …) kennt, „blickt über den Tellerrand", schaut in den Erfahrungsschatz früherer Generationen und anderer Kulturen. Wer sich auf diese erprobten Stoffe einlässt, kann sie nützen, um sich zu orientieren und eigenständig den Weg durchs Leben zu finden, wie es die Märchenheldinnen und -helden tun. Jedes Mal, wenn die gleiche Geschichte in einem konkreten Leben wirksam wird, wird sie neu interpretiert und „mit Wirklichkeit gefüttert", sodass sie weiterleben kann. Die mündlichen Geschichten eines Kulturkreises bilden also ein mehrdimensionales Gefüge, das identitätsstiftend und orientierungsfördernd wirkt.

Die meisten Märchen und Weisheitsgeschichten, die in diesem Buch aufgeschrieben sind, entstammen nicht einem spezifischen gemeinsamen Kulturkreis, sondern einer individuellen „Wiederbelebungs-Aktion", die vor einem hohen und breiten Regal voller Bücher mit Märchen aus aller Welt begann.

Diese Bücher sind entstanden, weil Menschen in verschiedenen Ländern mündliche Volksmärchen sammelten und aufschrieben. Dazu suchten sie Erzählerinnen und Erzähler auf und notierten deren Stoffe. Sie verfolgten dabei meist kein mündliches, sondern ein literarisches oder ethnologisches Interesse. Sie passten die mündlichen Erzählungen zum Teil sehr massiv schriftlichen Anforderungen an und ließen die spezifische Erzählsituation sowie die Individualität der oder des Erzählenden oft links liegen.

Ich las eine große Menge solcher ursprünglich mündlicher Stoffe, die in der schriftlichen Überlieferung überlebt hatten und in unsere Kultur gereist waren. Sie alle waren stark überformt worden. Ich nahm sie vor dem Hintergrund meiner mündlichen Erfahrung wahr und filterte sie im Hinblick auf konkrete Erzählsituationen. Ich wählte einzelne aus. Jeden dieser Stoffe lernte ich sorgfältig anhand innerer Bilder, erforschte die Dynamik der Handlung, befragte Erfahrungswerte und recherchierte zu historischen und kulturellen Tatsachen. Ich schlüpfte in die Rollen der Märchengestalten, um sie besser kennenzulernen. Erst dann ging ich mit der vertraut gemachten Geschichte in eine Erzählsituation.

Von da an prägten meine eigenen Beobachtungen als Erzählende und die Reaktionen der Zuhörenden die weitere Gestaltung der Geschichten. Das Vertrautwerden mit einer Geschichte ähnelt dem Kennenlernen eines Menschen. Immer wieder entdeckt man Eigenarten und tritt mit der Geschichte in Dialog.

Das Wieder-mündlich-Machen eines verschriftlichten Stoffes ist zu vergleichen mit dem Kochen eines Gerichtes nach dem Kochbuch. Als Rezept bleibt die Geschichte duft- und leblos. Nur durch persönliche Erfahrung, Herbeiholen der Zutaten, Herstellen der notwendigen Bedingungen, durch Nachschaffen und Abschmecken kommen wir dem ursprünglichen Geschmackserlebnis wieder nahe.

Erst nachdem die Geschichten einst zwischen Buchdeckeln persönlich gefunden, wieder lebendig gemacht, mit anderen Geschichten und realen Lebenssituationen der Gegenwart in Berührung gebracht und von heutigen Menschen neu erlebt worden waren, wurden sie im Ton dieser neuen Mündlichkeit aufgeschrieben. Wer sie liest, bekommt einen Hauch von mündlicher Erzählsituation, eine Kostprobe von aktuellem Mit-Geschichten-Leben in die Hand.

# Erzählen
# wirkt Wunder

# Der Geist der Erde

aus Afrika

Noch bevor es Menschen gab, lebte der Geist der Erde ganz allein in seinem Dorf. Er hatte genug zu essen. Er hatte genug zu trinken. Er hatte genug Tabak zu rauchen. Dennoch saß er oft da und war unfroh. Etwas fehlte ihm.

Eines Tages ging er hinaus aufs Feld. Dort wuchs ein großer Baum mit Kola-Nüssen. Er packte den Baumstamm und rüttelte daran. Unzählige Kola-Nüsse prasselten herab. Er hob davon so viele auf, wie er tragen konnte, und schleppte sie zum Dorfplatz. Dort legte er sie hin, ging um den Haufen herum, sah ihn sich genau an, wiegte besorgt den Kopf, schüttelte ihn und ging wieder aufs Feld hinaus. Er sammelte alle Kola-Nüsse auf, die noch herumlagen, und trug sie ebenfalls auf den Dorfplatz. Der Haufen Kola-Nüsse war nun viel höher und breiter geworden. Prüfend umkreiste ihn der Geist der Erde. Er war noch immer nicht zufrieden. Also ging er ein drittes Mal aufs Feld hinaus. Er schüttelte den Kola-Baum mit aller Kraft und abermals prasselten Nüsse in großer Menge herab. Sie alle klaubte der Geist der Erde auf und trug sie ins Dorf. Nun war der Haufen Kola-Nüsse sehr groß und der Geist der Erde wirkte endlich zufrieden.

Doch dann machte er sich erst recht ans Werk. Er schleppte alle Kola-Nüsse hinunter zum Meer. Dort lag sein schönes Boot, aus Holz geschnitzt und bunt bemalt.

Als alle Kola-Nüsse im Boot waren, war kaum mehr Platz für den Geist der Erde. Er zwängte sich dennoch hinein und pfiff. Ein Krokodil paddelte herbei. Der Geist der Erde legte ihm ein Zaumzeug um. Auf seinen Befehl hin zog es das Boot weit hinaus aufs Meer, so weit, bis das Festland nur noch eine Ahnung am Horizont war. Da nahm der Geist der Erde eine Kola-Nuss, hauchte sie an, sprach: „Werde ein Mensch!" und warf sie ins Wasser, in Richtung Festland. Die Nuss schwamm davon. Der Geist der Erde schaute kurz hinterher, griff dann nach der nächsten Nuss, hauchte sie an, sprach: „Werde ein Mensch!" und warf sie ins Wasser. So tat er es mit jeder Nuss im

Boot. Wie eine Herde schwammen sie dahin. Von fern sahen sie aus wie Lebewesen, von denen beim Schwimmen nur die Köpfe über Wasser waren.

Endlich war der Geist der Erde fertig. Keine Nuss war mehr bei ihm. Er pfiff das Krokodil herbei, damit es ihn im Boot zurück zum Festland zog. Und das war jetzt unglaublich leicht, denn was wiegt schon ein Geist?

Sie erreichten das Ufer. Der Geist der Erde verabschiedete sich vom Krokodil und stieg aus dem Boot. Er sah am Ufer die Menschen stehen, Kinder, Frauen und Männer. Sehr viele waren es. Sie winkten ihm zu und riefen „Hallo, hier bin ich!", „Und hier bin ich!", „Ich bin hii-ier!", „Hallo, siehst du mich?", „Hallo ich bin's!", „Hallo, Geist der Erde, willkommen zurück!", „Hier bin ich, schön, dass du da bist!" ...

Alle miteinander gingen sie hinauf ins Dorf, entfachten ein Lagerfeuer und kochten Maisbrei. Dann aßen und tranken sie genüsslich. Als sie satt und zufrieden waren, stopfte der Geist der Erde seine Pfeife, entzündete sie, schmauchte ein wenig und reichte sie weiter. Sie rauchten die Pfeife, reichten sie im Kreis herum und dann begannen sie, jede Menge Geschichten zu erzählen.

Seitdem ist der Geist der Erde nie mehr allein und langweilig ist ihm auch nie mehr. Und wenn sie nicht aufgehört haben, dann sind sie jetzt noch beim Lauschen und Geschichten-Erzählen.

# Dschinroku

aus Japan

**In einem fernen Land** lebte vor Zeiten ein Bauer, der drei Söhne hatte. Die beiden ältesten lebten wie ihr Vater, dachten wie er und bestellten die Felder mit Sorgfalt. Der jüngste, Dschinroku, war anders. Er träumte immer wieder vor sich hin, hüpfte und summte und äußerte allerlei versponnene Gedanken. Wo er nur konnte, lauschte er Geschichten. Wenn das Wandertheater in die Gegend kam und im ausgetrockneten Flussbett eine Bühne errichtete, war Dschinroku vom ersten Moment an dort. Hatte er kein Geld, um den Eintritt zu zahlen und das Stück anzusehen, dann verkaufte er einen Topf, eine Pfanne oder sonst etwas Brauchbares aus dem Haushalt. Das trieb seinem Vater die Zornesröte ins Gesicht.

Eines Tages, als alle drei Söhne bereits erwachsen waren, rief der Vater sie zu sich, gab jedem drei Silberstücke, die er erspart hatte, und schickte sie in die Welt hinaus, damit sie Erfahrungen sammeln und sich im Leben beweisen sollten.

Zu dritt zogen sie los. Aber sobald sie den väterlichen Hof hinter sich gelassen hatten, begann Dschinroku gedankenverloren hinter den beiden Brüdern her zu zockeln und diese sprachen zueinander: „Was sollen wir mit dem da anfangen? Der stört uns nur und bringt das Geld durch. Wir müssen schauen, dass wir ihn baldmöglichst loswerden", und sie nickten einander zu.

Als es Abend wurde, entzündeten sie ein Lagerfeuer und legten sich nieder. Sobald aber Dschinroku eingeschlafen war, machten sich die beiden Brüder ohne ein weiteres Wort wieder auf den Weg.

Beim Erwachen hörte Dschinroku dennoch zwei Stimmen neben sich. Das mag uns verwunderlich erscheinen, ihn jedoch wunderte es nicht. Er war überzeugt, seine Brüder säßen neben seinem Lager, und wiegte sich in seinen Träumen. Dabei stieg ihm von der Feuerstelle her ein nahrhafter Duft in die Nase.

Als er die Augen öffnete, staunte er nicht schlecht, denn seine Brüder waren nirgends zu sehen. Stattdessen saßen zwei Bettler am Lagerfeuer. Einer von ihnen rührte im Topf.

„Ah, siehe da! Unser Schützling erwacht", rief er. „He, Jüngling, bist du von allen guten Geistern verlassen? Weißt du nicht, dass es hier im Wald wilde Tiere, Räuber und allerlei Gefahren gibt?"

Der andere brach ein Stück Brot in drei gleich große Teile. „Als wir dich hier mutterseelenallein am erlöschenden Feuer liegen sahen, dachten wir, wir setzen uns her und behüten dich. Schau, wir haben auch eine heiße Suppe gekocht."

Da saßen die drei am Feuer, unterhielten sich über das Wandern und die Welt und ließen sich das Morgenessen schmecken. Dschinroku spürte in der Tasche die drei Silberstücke, holte sie hervor und sagte: „Seht nur, wie gut sich die Dinge manchmal fügen hier draußen in der Welt, das ist fast wie in den Geschichten, die ich so liebe. Was für ein Glück, dass ihr vorbeigekommen seid und für mich gesorgt habt, als ich hier in der Wildnis ganz allein am Feuer schlief. Und wie gut: Ich habe hier drei Silberstücke und wir sind ebenfalls drei. Also soll jeder von uns eines bekommen."

Die Bettler freuten sich herzlich, als sie die Münzen in Händen hielten, denn mit ihnen waren sie sicher, nie wieder Hunger leiden zu müssen.

„Zum Dank für das Wertvolle, das du uns gegeben hast, wollen wir dir auch etwas geben, das du brauchen kannst", meinte daraufhin der eine. „Hier, nimm diese Nadel. Sie fädelt dir alles auf, was du auffädeln willst. Alles, hörst du?"

„Und dieser Faden", setzte der andere fort, „wird immer so lang sein, wie du es brauchst."

Sorgsam steckte Dschinroku die Gaben ein. Dann gingen die drei noch ein Stück Wegs zusammen, bevor sie freundlich voneinander Abschied nahmen.

Der Weg war lang. Dschinroku ging. Ihm wurde dabei gründlich langweilig. Da traf er einen Händler, der einen Sack auf dem Rücken trug und der die gleiche Richtung hatte. Da gingen sie zusammen und leisteten einander Gesellschaft.

„Mein Freund“, sagte der Händler, als sie eine Weile über dies und das geredet hatten, „mir scheint, du liebst Geschichten. Sicher hast du auch einige zu erzählen.“

„Ach“, seufzte Dschinroku, „da hast du gerade meinen wunden Punkt getroffen. Wie viele Geschichten ich auch höre und genieße, ich kann sie nicht erzählen. Das finde ich schade, aber so ist es nun mal.“

„Wie gut, dass du mich getroffen hast“, lächelte da der andere. „Weißt du, ich bin ein Geschichtenverkäufer.“

Dschinroku, der zwar noch nie von diesem Beruf gehört hatte, aber aus den Geschichten wusste, dass es vieles gibt, was man irgendwann einmal zum ersten Mal hört, horchte auf.

Der Geschichtenverkäufer schwang den Sack von der Schulter und setzte ihn auf den Boden. Er schaute hinein, ohne ihn allzu weit zu öffnen.

„Jaaa“, strahlte er schließlich, „ich habe da genau das Richtige für dich. Für ein Silberstück kann ich dir die allerfeinste Geschichte verkaufen und die wirst du erzählen können.“

Dschinroku reichte ihm sein Geld. Der Händler hob ihm den Sack ans linke Ohr. Da spürte Dschinroku erstaunt, wie es aus dem Sack leise zu rauschen und in ihn hinein zu brausen begann. Das ging eine ganze Weile so, bis es endlich ausklang.

„Viel Glück!“, wünschte der Geschichtenverkäufer, schulterte seinen Sack wieder und verabschiedete sich.

Dschinroku fühlte sich sonderbar. Leicht benommen ging er seiner Wege. Es schien in seinem ganzen Körper zu prickeln, zu wispern, zu plaudern und – das ist schwer zu beschreiben – zu *geschehen*.

Als er sich einigermaßen an das Geschichtengefühl in seinem Körper gewöhnt hatte, kam er in eine Stadt, deren Fürst einen Wettbewerb ausgerufen hatte: Wer ihm eine Geschichte erzählen könne, die endlos lang und wirklich wahr sei, so hatte er verkünden lassen, der solle reich belohnt werden. Ohne zu zögern machte sich Dschinroku auf zum Palast.

„Hast du denn auch gehört“, fragte der Wächter, bei dem er Einlass begehrte, „dass jenen, die es versuchen und denen es nicht gelingt, der Kopf

abgeschlagen wird? Der Fürst will nicht, dass jeder Dahergelaufene ihm seine Zeit stehlen kann."

„Aber das tue ich ja auch nicht", begütigte Dschinroku, der so etwas schon aus vielen Geschichten kannte und der, seit der Sack des Geschichtenverkäufers ihn berührt hatte, von närrischer Zuversicht getrieben war.

Er wurde also eingelassen. Des Fürsten Familie versammelte sich, um zu lauschen, und Dschinroku begann: „Es war einmal eine tausend- und abertausendjährige Eiche, die auf einer großen Wiese wuchs. Der Stamm war so dick, dass dreiunddreißig große Männer ihn nur mit Mühe umfassen konnten. Die Eiche war dreihundertdreiunddreißig Meter hoch."

„Halt!", rief der Fürst. „Das ist nicht erwiesen! Wahr und wirklich muss die Geschichte sein!"

„Aber das ist sie, Herr", erwiderte Dschinroku seelenruhig. „Der König jenes Landes nahm es mit der Wahrheit so genau wie ihr. Er befahl, ein dressierter Affe solle in den höchsten Wipfel des Baumes klettern und eine Schnur herabhängen lassen. Der Oberhof-Rechenmeister maß dann unter den Augen des Königs und aller Minister die Länge der Schnur und schrieb das Ergebnis ins verbürgte goldene Buch, wo ihr es nachlesen könnt. Die Eiche reckte ihre Zweige so weit, dass sie auf den gegenüberliegenden Seiten in die angrenzenden Länder reichten. Von einem Ende des Gezweigs zum anderen waren es dreitausenddreihundertdreiunddreißig Meter."

„Beweise es!", unterbrach der Fürst abermals.

„Edler Fürst, nichts einfacher als das: In jenem Land nördlich des Baumes lebte eine weise Frau. Sie sammelte Wissen. Sie versorgte sich mit Seilen und Haken, sicherte sich gut und kletterte durch den ganzen Baum, von einer Seite zu anderen. Sie hatte heilende Kräuter dabei, die sie den Herrschern der anderen Länder schenkte, damit sie ihr wohlgesonnen seien, obwohl sie in ihr Land eindrang. Mit einem Stab maß sie die Meter und schnitt für jeden gemessenen Meter eine Kerbe hinein. Eines Tages brachte sie der Königin des Landes all ihr Wissen und diese richtete eine Schule ein, in der bis auf den heutigen Tag der Maßstab aufbewahrt und das Wissen der weisen Frau gelehrt wird. Den Ort kann ich auf Wunsch benennen."

Dschinroku warf einen Blick zum Fürsten und dieser nickte ihm zu, er solle weiter erzählen.

„Die Eiche, euer Wohlgeboren, trug dreihundertdreiunddreißigtausend-dreihundertdreiunddreißig Eicheln. Im Herbst reiften sie. Die erste fiel am Stamm entlang geradewegs herab und wurde vom kleinsten aller Frischlinge gefressen, der daraufhin zum größten aller Eber heranwuchs. Die zweite Eichel fiel ins Meer, wo sie lange an der Oberfläche dahinschwamm, von sanften Winden getrieben, bis ein blau und gelb geringelter Fisch sie verschluckte. Er wurde nach drei Tagen und drei Nächten von einem Mädchen mit schwarzen Zöpfen geangelt. Als sie ihn ausnahm, fand sie die Eichel und pflanzte sie vor das Haus ihrer Eltern, wo sie noch heute der Familie im Sommer wunderbaren Schatten gibt. Die dritte Eichel …"

„Deine Geschichte ist wirklich lang. Ich will dir glauben, dass sie endlos ist, und wenn wir wollen, werden wir Zeit finden, ihr weiter zu folgen", sprach der Fürst. „Aber ob diese Geschichte auch wirklich ganz und gar wirklich ist, müssen wir noch prüfen."

„Wenn ihr Tatsachen wünscht, Herr", erwiderte Dschinroku, „so wollt ihr vielleicht noch wissen, dass der Eichenbaum dreimillionendreihundert-dreiunddreißigtausenddreihundertdreiunddreißig Blätter hatte. Ich habe sie selbst und eigenhändig gezählt, so wahr ich hier vor Euch stehe."

„Das behauptest du", wandte die Prinzessin ein. Dschinroku schaute sie sich genau an und was er sah, gefiel ihm gut. Die Prinzessin hatte bereits beim Zuhören einen erfreulichen Eindruck von ihm gewonnen und was ihre Augen den seinen sagten, das ging nur sie beide etwas an.

„Wollt ihr es sehen?", schmunzelte Dschinroku. „Soll ich euch zeigen, wie ich es gemacht habe?"

Die Blicke, die auf ihm ruhten, waren Antwort genug. Er griff in die Tasche und förderte Nadel und Faden zutage. „Mit diesen beiden", erklärte er, „fädelte ich alle Blätter, während ich sie zählte, auf und deshalb bin ich sicher, dass ich jedes Blatt der Eiche genau einmal gezählt und keines ausgelassen habe."

Ein Tumult brach los: „Ha, das kann nicht sein!", „Was soll der Unsinn!", „Mit Nadel und Faden? Will der Schneider uns zum Narren halten?"

Der Wirbel legte sich, als die klare, warme Stimme der Prinzessin erklang: „Wir werden sehen. Wie heißt du, guter Mann?"

„Dschinroku", antwortete dieser und verneigte sich.

„Dschinroku, dort draußen im Schlosspark sind Blätter genug. Zähle sie für uns, dann werden wir sehen, ob deine Geschichte wirklich wahr sein kann."

Dschinroku warf Nadel und Faden in die Luft. Sie fuhren durchs offene Fenster, sausten zwischen den Bäumen des Palastgartens hin und her und fädelten, unter den staunenden Blicken der Fürstenfamilie, die Blätter der Parkbäume eins nach dem anderen auf. Aber plötzlich erklangen genau dort, wo die Nadel am Werk war, ein Schrei und ein dumpfes Geräusch. Der Fürst blickte beunruhigt. Er befahl der Palastwache nachzusehen, wer da verbotenerweise in seinem privaten Garten war.

Bald darauf kehrten die Wachen mit einem Gefangenen zurück. Er wurde befragt und verriet schließlich, dass er den Auftrag gehabt hatte, die ganze Fürstenfamilie zu töten.

Nachdem er den Wachen befohlen hatte, den Kerl in den Kerker werfen, nahm der Fürst Dschinroku beiseite. „Das nenne ich eine wirklich wahre und wirksame Geschichte!", rief er begeistert. „Sie hat wahrhaftig mir und meiner ganzen Familie das Leben gerettet! Weißt du, mein Freund, bei all den Dampfplauderern und Lügenbaronen, denen wir in letzter Zeit lauschen mussten, hatte ich wirklich schon beinahe die Hoffnung verloren. Aber du hast dir die versprochene Belohnung mehr als verdient. Nimm sie entgegen und sei unser Gast. "

Dschinroku blieb bei Hofe und lernte dort allerlei, das ihm gefiel. Er bekam die Gelegenheit, seine endlose Geschichte weiterzuerzählen. Die Prinzessin und er kamen einander immer näher und ihre Liebe wuchs. Das taten auch ihre Kinder und Enkel.

Ihr fragt, ob die Geschichte inzwischen ein Ende gefunden hat? Wir wollen es nicht hoffen, so bleibt das Ende offen.

# Der weiße Wolf

aus dem deutschsprachigen Raum

Es war einmal ein König, der auf der Jagd von seinem Gefolge abgeschnitten wurde und lange Zeit im wilden Wald umherirrte. Am dritten Tag, er war schon ganz verweint, erschien wie aus dem Nichts ein schwarzes Männlein vor ihm und sagte: „Ich führe dich aus diesem Wald hinaus, wenn du mir das schenkst, was dir zuhause als erstes entgegenläuft."

Das „Wenn" in des Männleins Worten war noch nicht verklungen, da rief der König schon: „Einverstanden!", denn das „Wenn" wollte er in diesem Moment einfach nicht hören. Zumal er ja auch von klein auf gewöhnt war, etwas zu bekommen, ohne dafür zahlen zu müssen.

Sie gingen los, das Männlein voraus und der König hinterher.

Unterwegs tauchte das „Wenn" aus den Tiefen seiner Erinnerung jedoch wieder auf. Er hielt inne und sprach vor sich hin: „Ich hoffe wohl, dass mir, wenn ich nach Hause zurückkehre, mein Jagdhund entgegenläuft und mich als erstes erreicht. Ihn will ich, wenn es sein muss, für meine Rettung opfern."

„Ich aber hoffe", schmunzelte das Männlein, „dass dir deine jüngste und liebste Tochter entgegenläuft." Dann gingen die beiden weiter. Sie erreichten den Waldrand und traten hinaus in die Weite. Der König sah augenblicklich das heimatliche Schloss vor sich.

Dort ertönte ein Jubelruf aus der obersten Kammer des höchsten Turmes. Von hier aus hatte des Königs jüngste Tochter die ganze Zeit hindurch voll Sehnsucht und Sorge Ausschau gehalten. Kaum war er aus dem Wald ins Freie getreten, hatte sie ihren Vater schon entdeckt. Sie rannte mit fliegenden Röcken die Turmtreppe hinunter, ihm entgegen und fiel ihm um den Hals. Der lang Vermisste brach daraufhin in Tränen aus.

„Vater, wie gut, dass du gerettet und wohlbehalten wieder bei uns bist!", rief die Prinzessin. „Aber was ist los? Freust du dich nicht?"

Schweren Herzens erzählte der Vater, er habe sie dem schwarzen Männlein zum Lohn für seine Rettung versprochen.

„Beim nächsten Vollmond sei bereit. Ich lasse dich abholen", bestimmte das Männlein zufrieden und ging seiner Wege.

Nach einigen Tagen des Abschiednehmens stand der kugelrunde Mond am Himmel. Da kam ein riesengroßer, zottiger, weißer Wolf aus dem Wald, auf dessen Rücken die Prinzessin stieg.

Ein wilder Ritt begann. Der Wolf trug sie über Stock und Stein, abseits der gebahnten Wege. Sie hatte alle Hände voll zu tun, sich am dichten Fell festzuhalten, um nicht hinunterzufallen. Nach einer Weile fragte sie: „Bitte, wie lange muss ich noch so reiten?"

„Sei still!" fauchte der Wolf und rannte weiter.

Die Prinzessin klammerte sich mit aller Kraft fest. Immer holpriger und heftiger wurde der Ritt. Zweige peitschten ihr Gesicht und Dornen zerrissen ihr Gewand.

„Bitte, wie weit ist es denn noch zum schwarzen Männlein?", rief sie nach einer Weile abermals.

„Sei still und halt dich fest! Bis zum Glasberg ist's noch weit!", knurrte der weiße Wolf, warf ihr aus feurigen Augen einen flüchtigen Blick zu und rannte dann noch schneller.

So gut sie konnte, klammerte sich die Prinzessin fest und schwieg, bis sie fürchtete, sich nicht mehr halten zu können, denn der Wald wurde immer unwegsamer.

„Bitte", stieß sie hervor, „wann sind wir denn endlich da?"

Da heulte der Wolf einmal kurz und laut, bäumte sich auf, warf sie ab und war gleich darauf im Unterholz verschwunden.

Die Prinzessin kam auf die Füße, schaute sich um und ging los, ohne auf die Dornen zu achten, die an ihrem Gewand zerrten. Als es finster wurde, sah sie zwischen den Bäumen ein Licht funkeln, ging darauf zu, fand eine Hütte und klopfte an. Eine alte Frau öffnete ihr und ließ sie ein. Über dem Feuer brodelte ein Topf mit Hühnersuppe. Die Prinzessin bekam eine Schüssel voll davon, aß mit der Alten und erzählte ihr, was ihr geschehen sei.

„Weißt du", fragte sie zum Schluss, „wo ich den weißen Wolf finden kann?"

Die alte Frau schüttelte den Kopf. „Es tut mir leid. Ich weiß nicht, wo er wohnt. Aber geh zum Wind. Der bläst überall hinein und kann ihn dabei leicht getroffen haben. Bleibe über Nacht bei mir. Ich will dir ein Lager richten. Und morgen früh zeige ich dir den Weg zu seiner Hütte. Nimm dir die Hühnerknochen aus der Suppe mit. Die können dir noch nützlich sein."

Und so geschah es.

Am Abend sah die Prinzessin ein flackerndes Licht zwischen den Bäumen, ging hin, fand eine Hütte und klopfte an. Der Wind war zuhause. Er kochte

Hühnersuppe und lud sie zum Essen ein. Sie erzählte von ihren Abenteuern und endete mit der Frage: „Weißt du, wo der weiße Wolf wohnt?"

„Nein", brauste der Wind, „vom weißen Wolf weiß ich nichts. Aber ich rate dir, frag die Sonne. Die ist den ganzen Tag unterwegs und schaut überall hinein. Übernachte bei mir und morgen will ich dir den Weg zu ihrer Hütte weisen. Und nimm dir die Hühnerknochen aus der Suppe mit. Du wirst sie alle brauchen."

So geschah es.

Nach langer Wanderung sah die Prinzessin ein Licht durch den dämmrigen Wald funkeln und gelangte zur Hütte der Sonne. Sie klopfte an. Die Sonne war zu Hause, kochte eine Hühnersuppe und hieß sie willkommen. Sie aßen und die Prinzessin erzählte von ihrem Weg. „Weißt du, wo der weiße Wolf zu finden ist?", fragte sie schließlich.

„Vom weißen Wolf weiß ich leider nichts", bedauerte die Sonne. „Aber übernachte bei mir und geh morgen zum Mond. Den Weg zu seiner Hütte zeige ich dir und der Mond ist unterwegs, wenn sonst keiner unterwegs ist, und schaut, wenn sonst keiner schaut. Vielleicht weiß er etwas und kann dir helfen. Nimm dir diese guten Hühnerknochen mit."

Am nächsten Tag ging sie lange in die angegebene Richtung, wurde sehr müde und auch mutlos, gelangte aber endlich zur Hütte des Mondes. Der Mond war zu Hause. Und was kochte er? Hühnersuppe natürlich. Nach dem Essen lehnte die Prinzessin sich zurück, wagte kaum zu fragen, konnte doch nicht anders. Sie erzählte ihre Geschichte, wie wir sie nun auch gehört haben, stellte ihre Frage und wartete zitternd auf die Antwort.

„Leider", antwortete der Mond, „habe ich keine Ahnung, wo der weiße Wolf wohnt. Aber gib nicht auf. Lass uns über die Sache schlafen. Morgen kann die Welt ganz anders aussehen."

Und wirklich begrüßte er sie am nächsten Morgen mit einer Idee: „Ich weiß, wo du fragen kannst. Im Glasberg feiert der Prinz des Waldes Hochzeit. Da ist allerlei Volk geladen, und dort kannst du fragen. Irgendwer von ihnen wird es schon wissen."

„Der Glasberg! Das ist es!", rief die Prinzessin und sprang auf. „Davon hat der weiße Wolf gesprochen!" Schon wollte sie davonrennen, da rief der Mond ihr nach: „Nimm die Hühnerknochen aus der Suppe mit. Du wirst sie brauchen." In aller Eile griff sie nach den Knochen, dankte hastig und lief in die Richtung, die der Mond gezeigt hatte, davon.

Sie gelangte zum Glasberg. Aber der war steil und glatt wie Eis. Das Glas hatte scharfe Kanten und Spitzen. Beim Versuch hinaufzuklettern rutschte sie aus, fiel hin, glitt wieder hinab und blutete aus vielen Schnitten.

Da fielen ihr die Hühnerknochen ein. Sie legte sie auf das Glas und sie rutschten nicht. Nun konnte sie über die Knochen Schritt für Schritt aufwärts gehen. Beschwerlich war es, aber sie erreichte beinah den Gipfel des Glasbergs und hörte bereits Musik aus dem Berg hervordringen. Doch da waren die Hühnerknochen aufgebraucht.

„Hätte ich nur beim Mond alle Knochen mitgenommen", dachte sie nun. Aber wie es oft ist, nachher weiß man es besser als zuvor und es hat keinen Sinn, über vergossene Milch zu weinen. Und weil die Prinzessin nichts dringender wollte, als in den Glasberg hineinzukommen, schnitt sie sich einen kleinen Finger ab, legte diesen auf den Berg und gelangte glücklich auf den Gipfel. Von dort führt eine Treppe in den Berg hinein, wo in einem großen kristallenen Saal ein herrliches Fest im Gange war.

Die Prinzessin erkannte auf den ersten Blick das schwarze Männlein, wenngleich es seine Erscheinung sehr verändert hatte. Vornehm stand es in Gestalt eines strahlenden Prinzen an der Seite einer anderen Prinzessin. Als Braut und Bräutigam begrüßten sie die Gäste.

In ihrem zerrissenen und verschmutzten Kleid, verschwitzt und nach wildem Wolf riechend, fiel die Prinzessin in der festlich gekleideten Menge sofort auf. Die Feiernden rückten von ihr ab und rümpften die Nasen. Sie aber nützte den so entstehenden Raum, trat in die Mitte des Saales und erzählte, wie sie es auf ihrem Weg schon so oft getan hatte, ihre Geschichte.

Ihre Stimme klang voll und schön. Sie füllte den Raum und umspielte die Zuhörenden.

So wurde auch der Prinz auf sie aufmerksam. Zuerst dachte er, da habe sich eine Bettlerin oder Gauklerin bei seinem Fest eingeschlichen. Aber dann hörte er, woher die Prinzessin kam, was sie alles hinter sich hatte, wie sie dem schwarzen Männlein versprochen worden und auf dem weißen Wolf geritten war, wie sie Wind, Sonne und Mond befragt hatte, wie sie eine Treppe aus Hühnerknochen bestiegen und ihren kleinen Finger hergegeben hatte, nur um zu ihm zu kommen. Und nachdem er all das vernommen hatte, da trat er auf sie zu und schaute sie staunend an. Im Glasberg, inmitten der festlichen Gesellschaft, tanzten die beiden miteinander.

Die andere Prinzessin fand ihr Glück in ihrer eigenen Geschichte. Aber der Prinz, der ein schwarzes Männlein gewesen war, und die Prinzessin, die auf dem wilden, weißen Wolf geritten war, diese zwei feierten Hochzeit und leben froh bis auf den heutigen Tag.

# Mushkil Gusha

aus Persien

Es war einmal ein armer Brennholzsammler, der seine Familie recht und schlecht unter großen Mühen ernähren konnte. Eines Tages war er unterwegs, fand aber an allen seinen Klaubholzplätzen nur leergefegte Flächen. Er streifte immer weiter umher, betrat Gebiete, die er sonst als zu weit entfernt gemieden hatte, und gelangte schließlich auf eine weite, karge Ebene, auf der es dürre Dornensträucher gab.

„Das ist immerhin ein brauchbares Unterzündholz. Es ist wenigstens etwas und das Einzige, was ich derzeit finde", dachte er sich und machte sich, ohne auf die Schrammen und Kratzer zu achten, ans Abbrechen und Sammeln der dünnen Zweige.

Als es dämmerte, packte er das Reisig auf seinen Rücken und wanderte nach Hause, wo er lange nach Einbruch der Dunkelheit müde ankam. Seine Frau hatte den Riegel schon vorgelegt und in der Hütte rührte sich nichts. Erschöpft sank der Brennholzsammler vor der Tür nieder und fiel in einen unruhigen Schlaf, aus dem er, von seinen Sorgen unsanft geweckt, vor Sonnenaufgang wieder auffuhr. Er rappelte sich auf, erblickte das dornige Holz, das er am Vortag gesammelt hatte, und beschloss: „Am besten gehe ich gleich wieder dorthin und besorge mehr."

Bis zum Abend raffte er drei Bündel dornige Zweige zusammen und schleppte sie nach Hause. Aber weil der Weg so weit war, war es spät und die Tür verschlossen. Wieder schlief der Erschöpfte vor der Tür seiner Hütte, eilte frühmorgens los, kehrte spät zurück, saß da wie ein Häuflein Elend.

Da hörte er Pferdegetrappel näher kommen und hoffte auf einen Brennholzkäufer. Ein vornehm wirkender Mann kam daher geritten. Sie grüßten einander.

„Warum siehst du so bekümmert aus?", fragte der Fremde freundlich. Da erzählte der Brennholzsammler eben das, was wir schon geschehen sahen.

„Mein Freund, ich will dir helfen", sprach der Reiter. „Steig hinter mir aufs Pferd, sprich sieben Gebete und schließe deine Augen." Das tat der Brennholzsammler.

Zuerst waren ihm die Geräusche und Gerüche der Gegenden, durch die sie ritten, noch vertraut, aber dann erreichten neue, ihm unbekannte Reize Nase und Ohr. Der Fremde ließ das Pferd anhalten und sagte: „Jetzt sprich abermals sieben Gebete, öffne deine Augen und steig vom Pferd."

Da stand der arme Mann auf dürrem Boden mit nichts als Steinen um ihn her. Der Reiter jedoch blickte aufmunternd auf ihn hinunter.

„Nimm!", nickte er ihm zu und zeigte eine Geste, als höbe er Steine auf und steckte sie ein.

Der Brennholzsammler spürte die freundliche Absicht und wollte den wohlwollenden Mann nicht enttäuschen. Also füllte er seine Taschen mit Steinen. Von dem Fremden ermuntert nahm er mehr und mehr, bis die Taschen prall voll waren.

„Und jetzt steig hinter mir aufs Pferd, sprich sieben Gebete und schließe deine Augen."

Sie ritten zurück. Der müde Mann erkannte heimatliche Geräusche und Gerüche. Sie hielten an.

„Öffne die Augen, sprich sieben Gebete und steig vom Pferd", hörte er den anderen sagen.

Da stand er nun, die Taschen schwer, rundum die hageren Dornenholzbündel, die Hütte nächtlich versperrt.

„Von heute an", sprach der Reiter, „wendet sich dein Schicksal. Erzähle jeden Donnerstag von dem, was dir heute widerfahren ist. Rufe Freunde und Verwandte zusammen, bewirte sie mit Datteln und Rosinen und erzähle ihnen von mir, von Mushkil Gusha und erzähle von dem Guten, das ich dir heute getan habe."

Der Brennholzsammler nickte und winkte zum Abschied, während der freundliche Fremde seiner Wege ritt. „Ach Freund, was weißt du denn vom Leben der Armen. Wie sollte ich Datteln und Rosinen haben, geschweige denn verschenken können?", dachte er.

Irgendetwas schien jedoch anders zu sein als zuvor. Der Brennholzsammler klopfte an die Tür seiner Hütte und rief nach seiner Frau. Sogleich wurde geöffnet. Sie umarmte, küsste und begrüßte ihn und fragte, wo er die ganze Zeit geblieben sei.

Sie stellte eine dampfende Schüssel mit magerer Suppe, die noch im Hause war, für ihn auf den Tisch und bat ihn, alles Geschehene zu erzählen. Als er sich setzen wollte, drückten die Steine in seinen Taschen. Er leerte sie unter den Tisch, zu müde, um den Riegel nochmals zu öffnen und sie nach draußen zu bringen. Sie gingen zu Bett und begrüßten einander wie Frau und Mann, die einander viel länger als drei Nächte vermisst haben. Dann schliefen sie zufrieden ein.

In der Nacht träumte der Brennholzsammler, er erwache und sehe die Hütte von einem seltsamen Licht erfüllt, mit allen Farben und geheimnisvollem Leuchten übergossen. Ihm war, als stehe er auf, suche die Ursache der Helligkeit und sehe, dass die Steine unter dem Tisch strahlten. Er träumte, auch seine Frau stehe auf und staunte mit ihm.

Als er am Morgen auf seinem vertrauten Lager erwachte, ließ er die Augen noch geschlossen, tastete nach seiner Frau.

„Guten Morgen, mein Lieber", flüsterte sie. „Wie schön, dass du wieder da bist."

„Ja", seine Stimme war rau. „Du, ich hatte einen schönen Traum, seltsam aber schön: Ich stand in der Nacht auf und die Steine, die ich gestern unter den Tisch warf, um mich zu erleichtern, leuchteten wie Kostbarkeiten."

„Wirklich?", fragte seine Frau. „Ich habe das Gleiche geträumt."

Da sprangen sie beide auf, gingen zum Tisch und fanden die Steine, leuchtend in allen Farben.

Die Tochter erwachte und freute sich mit ihnen über den schönen Anblick, noch mehr aber über die gesunde Rückkehr ihres Vaters.

„Vielleicht sind diese Steine nicht nur schön, sondern wirklich wertvoll. Vielleicht gefallen sie jemandem. Ich gehe in die Stadt und versuche, sie zu verkaufen", meinte die Mutter.

So schlenderte sie durch die Straßen, schaute, in welchen Läden kostbare Steine lagen, wählte endlich einen Händler aus und hielt ihm einen mittelgroßen, grünen Stein entgegen. Dieser begutachtete ihn.

„Was gibst du dafür?", fragte die Frau des Brennholzsammlers.

„Ein Goldstück", bot dieser an.

Die Frau, die in ihrem Leben noch nicht mehr Bares als drei Kupferstücke zusammen gesehen hatte, sah ihn prüfend und tadelnd an. „Glaubst du, du kannst mich verspotten, nur weil ich in einfachen Kleidern vor dir stehe? Sag mir ehrlich, was der Stein wert ist", forderte sie.

Da begutachtete er den Stein genauer, drehte und wendete ihn, hielt ihn gegen das Licht. „Also gut", sagte er mit schiefem Lächeln, „zehn Goldstücke."

„Du hast mich nicht verstanden", sprach die Frau mit strengem Blick.

„Verspotte mich nicht. Gib mir augenblicklich das, was dieser Stein wirklich wert ist, oder ich verkaufe ihn anderswo."

Der Händler nahm den Stein unter Seufzen ein drittes Mal unter die Lupe und zählte hundert Goldstücke auf den Tisch.

Die Frau atmete tief durch. Dann nahm sie das Geld, nickte dem Händler zu und ging ihrer Wege. Sie kaufte Speisen für ein Mahl, wie es die Brennholzsammlerfamilie noch nie zuvor genossen hatte, ein neues Tuch für ihre Tochter, den besten Tee, Tabak für ihren Mann und etwas Baklava, das sie besonders liebte.

In der ärmlichen Hütte begann Schritt für Schritt ein anderes Leben. Jeden Tag verbesserten sie hier eine Kleinigkeit, kauften dort etwas Neues, beauftragten Handwerker mit Reparaturen, ließen einen Keller und einen Schuppen errichten und fügten Annehmlichkeit zu Annehmlichkeit.

Eines Tages sprach die Tochter: „Ich mag unsere Hütte und sie ist in der letzten Zeit wirklich schön geworden, aber wie wäre es, wenn wir in einem Palast wohnten? Ich habe beim Spazierengehen den Palast des Sultans gesehen. In so etwas lässt es sich sicher schön wohnen."

Da nahm die Frau des ehemaligen Brennholzsammlers einige Steine und kaufte den Palast gegenüber dem des Sultans, der ebenfalls sehr prächtig war. Da lebte die Familie nun glücklich und in Freuden.

Zufällig ergab es sich, dass die Tochter des ehemaligen Brennholzsammlers der Prinzessin begegnete. Die beiden freundeten sich an, spielten im Schlosspark und im Palast und gingen im nahen Fluss an einer heimlichen Stelle baden.

So vergingen die Tage. Doch eines Morgens, weit vor der Zeit, zu der reiche Leute aufzustehen pflegen, polterte jemand grob an des ehemaligen Brennholzsammlers Tür. Er ging hin, öffnete und wusste nicht, wie ihm geschah. Denn er wurde ohne Erklärung von den Wachen des Sultans gepackt und auf dem Hauptplatz in den Pranger gesperrt.

Da stand er nun und verstand nicht, wie ihm geschehen war. Die Vorübergehenden würdigten ihn keines Blickes. Die Sonne stieg höher. Der arme

Mann grübelte, denn sonst blieb ihm nichts zu tun: „In all den Jahren, in denen ich ein armer Brennholzsammler war, lebte ich ungestört und nie haben die Wachen des Sultans mich behelligt. Was mag bloß dahinter stecken? Nun, da ich ein reicher Mann bin, geschieht mir dies!"

Und er dachte daran zurück, wie er reich geworden war. Er erinnerte sich an die Dornensträucher, die seinen Rücken beim Tragen zerrissen hatten, an die Trübsal und die Sorge, dass er und seine Familie verhungern müssten. Dann fielen ihm der Reiter, die Gebete, der fremde Ort und die Steine ein. Er staunte über ihre Verwandlung und den Traum, der keiner gewesen war. „Wenn mein Wohltäter wüsste, wohin mich das alles geführt hat ...", dachte er, „ob er käme, um mich zu retten?"

Der Mann am Pranger seufzte. „Wie hieß er nur? Er hat es damals gesagt ..." Er murmelte vor sich hin: „Muki ... shika ... Shiku ... Muka ... Kasha ... Mushki ... Gusho ... Gusha? Ja: Mushkil Gusha, das war es!"

Er war erleichtert, dass ihm der Name eingefallen war. In diesem Moment tauchte noch eine Erinnerung auf. „Datteln und Rosinen!", rief er. „Als Brennholzsammler hätte ich sie mir nicht leisten können, aber dann ... Ach je! Ich sollte sie verschenken und seine Geschichte erzählen!"

In diesem Moment sah er zu seinen Füßen im Staub etwas funkeln. Es war ein Kupferstück. Er reckte und streckte sich und schaffte es mit großer Mühe, trotz des Balkens, der Hals und Hände hielt, sich hinunterzubeugen und das Geldstück in die Finger zu bekommen.

„Hallo", rief er über den Platz, so laut er konnte und richtete sich auf, so gut es ging. „Ihr Leute, kommt und hört die Geschichte von Mushkil Gusha! Esst Datteln und Rosinen und lasst euch etwas Gutes erzählen!"

Aber keiner beachtete ihn, bis endlich ein Mann den Hauptplatz betrat, der unterwegs war, um ein Leichentuch für seinen Sohn zu kaufen, der im Sterben lag. Er dachte sich: „Der arme Kerl. Er scheint recht verzweifelt zu sein. Ich will ihm den Gefallen tun. Vielleicht ist das Allah wohlgefällig und er gewährt meinem Sohn einen guten Weg in der anderen Welt."

Er ging hin, nahm das Geldstück entgegen, kaufte Datteln und Rosinen und lauschte der Erzählung des ehemaligen Brennholzsammlers. Nach und nach kamen weitere Zuhörende dazu, aßen die süßen Früchte und hörten, was dem Mann im Pranger widerfahren war, lange bevor er in diese Notlage geraten war. Sie fragten nach und jenen, die zuletzt gekommen waren, erzählten sie die Geschichte in ihren Worten, wunderten sich und fragten dies und das.

Auf einmal horchte der Mann, der das Leichentuch für seinen Sohn hatte kaufen wollen, auf. Die Stimme seiner Frau rief seinen Namen über den Platz. Er lief hin und erfuhr, dass sein Sohn wie durch ein Wunder auf dem Wege der Besserung sei und wohl bald wieder ganz gesund sein werde. Er eilte zu ihm.

Da begann der Brennholzsammler seine Geschichte noch einmal von vorn. Aber er kam nicht weit damit, denn die Palastwachen marschierten auf den Platz, sperrten die Schlösser des Prangers auf, verneigten sich vor dem Befreiten und teilten ihm mit, der Sultan werde ihm persönlich erklären, was geschehen sei. Er sei mit seiner Familie in den Palast eingeladen, solle sich aber erst nach Belieben zuhause erfrischen.

Der Sultan begrüßte die Nachbarsfamilie in aller Freundlichkeit und erklärte, was geschehen war: Der Erbschmuck der Tochter, eine kostbare Halskette, war auf unerklärliche Weise verschwunden. Der Verdacht war auf die Freundin der Prinzessin gefallen, da nur sie sich unbeobachtet in den Gemächern der Prinzessin aufhalten konnte. Man hatte sofort angenommen, ihr Vater, ein Mann von zweifelhafter Herkunft, habe sie zum Diebstahl angestiftet. Dann war der Wesir ein wenig voreilig gewesen. Kurz nachdem der Verdächtige an den Pranger gestellt worden war, hatte die Zofe der Prinzessin den Schmuck an einem Zweig beim Fluss gefunden. Dort hatte die Prinzessin ihn beim Baden hingehängt, damit ihm nichts geschähe, und hatte ihn dann vergessen.

Der Sultan entschuldigte sich in aller Form für die zugefügten Unannehmlichkeiten. Die Familien tranken auf gute Nachbarschaft und auf die Freundschaft der Töchter und dann verabschiedete man sich in aller Freundlichkeit.

Der Mann, der kein Brennholzsammler mehr war, lebte noch lange in Glück und Wohlbefinden, erzählte jeden Donnerstag die Geschichte von Mushkil Gusha und verschenkte dabei Datteln und Rosinen.

# *Unsere Sonne*

aus England

Vor langer, langer, sehr, sehr langer Zeit, da hatten die Götter und Göttinnen eine Menge Sonnen geschaffen und sie hinaus ins All geschickt, damit sie überall Licht und Wärme verbreiten sollten. Die Sonnen aber taten, was sie wollten: Sie sammelten sich an einem Fleck, waren beisammen und freuten sich ihrer gegenseitigen Gesellschaft. Sie feierten, sangen, tanzten ... und erzählten einander Geschichten.

Die Göttinnen und Götter waren damit gar nicht zufrieden. Die Götterbotin schlug vor, zu den Sonnen zu reisen und ihnen ins Gewissen zu reden. Aber die anderen hatten Zweifel. Wie sollte sie die Sonnen dazu bringen, sich voneinander zu trennen und ihre Aufgabe zu erfüllen?

Schmunzelnd machte sich die Götterbotin dennoch auf den Weg. Als sie nach langer Reise am Ort der großen Helligkeit anlangte, trat sie mitten in die Versammlung der Sonnen.

„Wollt ihr eine neue Geschichte hören?", fragte sie. Und die Sonnen, denen der Stoff langsam ausging, stimmten begeistert zu.

„Vor langer, langer, sehr, sehr langer Zeit", so begann die Götterbotin, „lebten einmal in einem finsteren, dunklen Winkel des Universums Wesen, die waren recht liebenswürdig. Jedes von ihnen hatte zwei Beine, zwei Arme, zwei Ohren, zwei Augen, eine Nase, einen Mund und ein bisschen Fell auf dem Kopf. Sie lebten in Kälte und Finsternis, sodass sie unentwegt froren. Außerdem stolperten sie immer wieder über etwas und taten sich weh. Es war ein quälendes Dasein und manchmal sehnten sie sich danach, dass ihr Leben anders und leichter wäre. Singen und Erzählen konnten sie und das war es, was ihnen etwas Hoffnung machte. So froren und hofften sie lange, lange Zeit, aber nichts geschah."

„Das ist ja schrecklich!", platzte da eine sehr kleine Sonne heraus. „Kann man denn gar nichts machen, um der Geschichte eine Wendung zu geben?"

„Doch", erwiderte die Götterbotin verschmitzt. „Eine Sonne – es kann auch eine ganz kleine sein – müsste dorthin reisen und sich an jenem Ort aufhalten. Ja, sie müsste einfach nur dort sein, dann würde es diesen Wesen mit den zwei Beinen, den zwei Armen, zwei Ohren, zwei Augen, der einen Nase, dem einen Mund und dem bisschen Fell auf dem Kopf bald sehr viel besser gehen. Sie hätten es wohlig warm und brauchten nicht mehr zu frieren. Sie hätten es hell und könnten im Licht alles sehen und erkennen, sodass sie sich nicht mehr an Steinen und Bäumen stoßen würden. Sie könnten tanzen und in Freude leben, wie sie es schon lange Zeit gehofft hatten ..."

Die kleine Sonne war verblüfft und entschlossen zugleich. Sie nahm Abschied von ihren Freundinnen und reiste den weiten, weiten Weg bis in jenen abgelegenen, dunklen Winkel des Universums.

Seitdem wohnt sie hier und gibt Tag für Tag den Wesen mit dem den zwei Beinen, den zwei Armen, zwei Ohren, zwei Augen, der einen Nase, dem einen Mund und dem bisschen Fell auf dem Kopf Licht und Wärme – unsere Sonne.

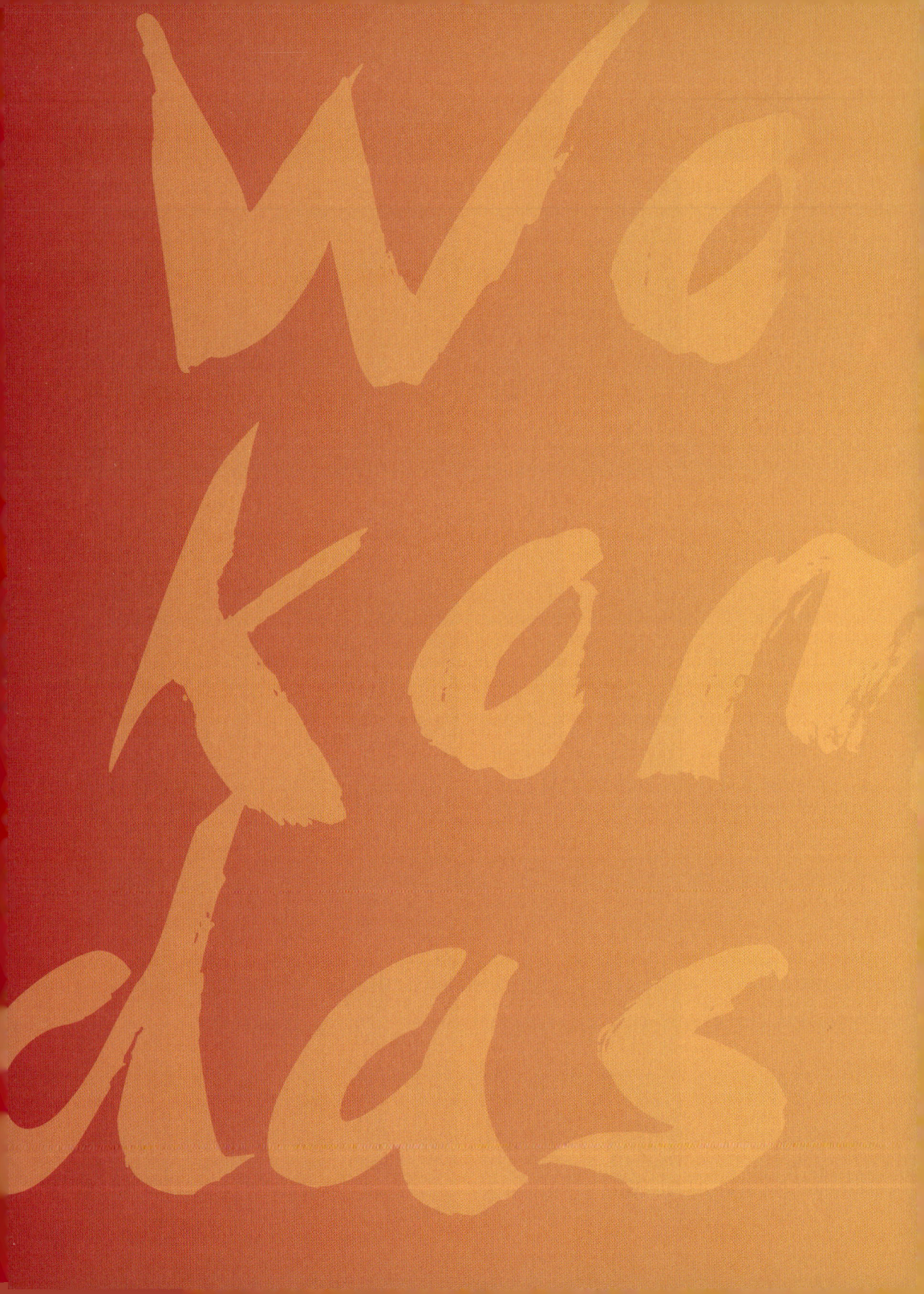

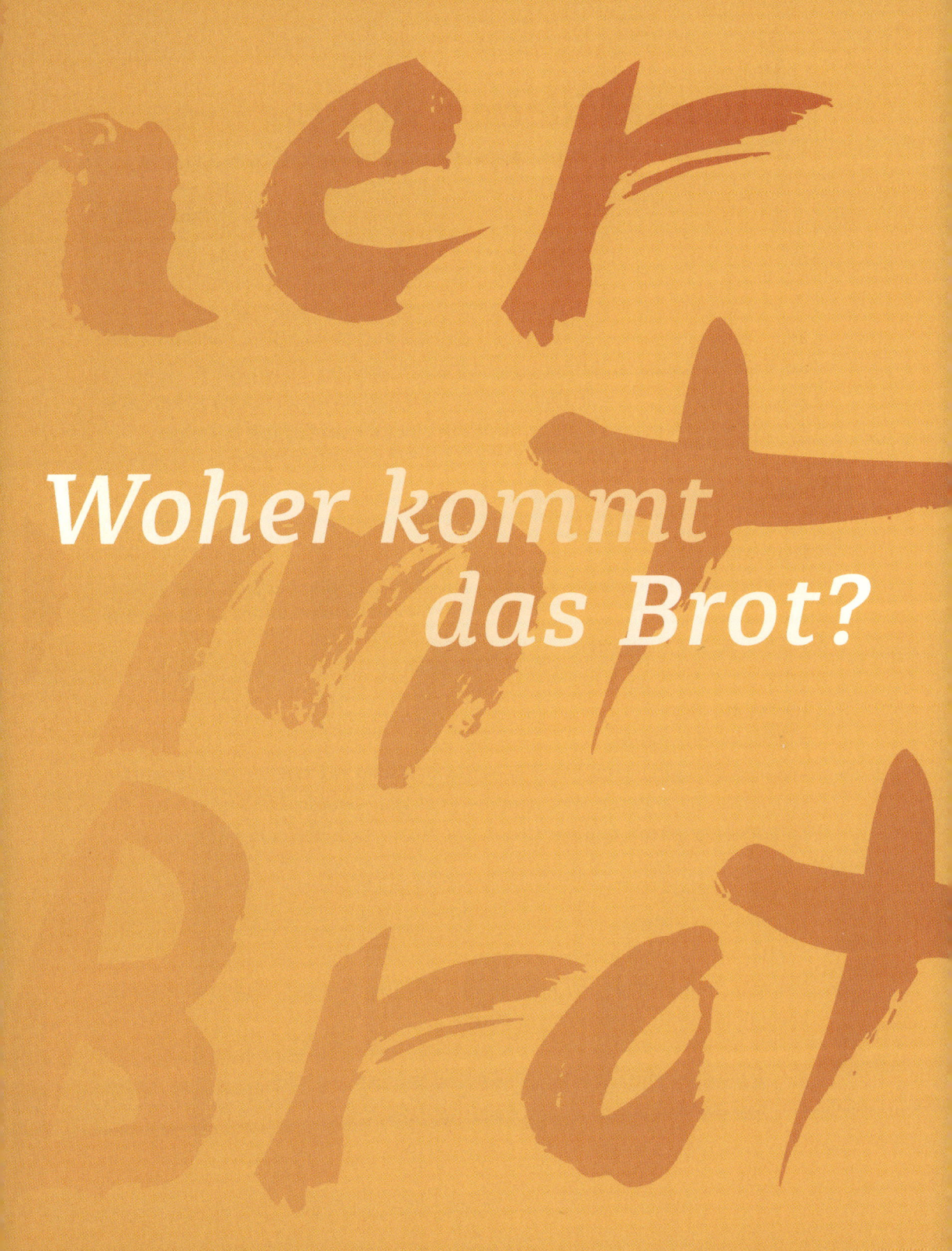

# Woher kommt das Brot?

# Vom Mädchen, das für Brot am besten log

nach einem griechischen Motiv

Es war einmal, es war keinmal, damals vor langer, langer, gar nicht langer Zeit ... als es die Zeit noch nicht gab. Damals musste, wer Brot backen wollte, noch sein Getreide zur Mühle tragen, mahlen lassen und den Müller für seine Arbeit entlohnen. Es war aber so, dass viele Müller als unehrlich galten. Wie durch Zauberei verschwand beim Mahlen immer ein Teil des Getreides.

Eines Tages gab eine Mutter ihrer Tochter einen Sack Getreide und sagte zu ihr: „Geh zur Mühle und lass das Getreide mahlen. Aber geh zu keinem bartlosen Müller."

Das Mädchen machte sich also auf den Weg, ging bergauf, ging bergab. Die Sonne schien zu dieser frühen Stunde schon kräftig und es versprach, ein heißer Tag zu werden.

Im Tal: ein Fluss.
Am Fluss: eine Mühle.
Das Mädchen ging darauf zu. Ein bartloser Müller saß vor der Tür. Da seufzte sie, nahm den anderen Weg, ging bergauf, ging bergab. Die Sonne hatte die Luft schon erwärmt und das Gehen mit einem Sack Getreide war mühsam.

Im Tal: ein Fluss.
Am Fluss: eine Mühle.
Vor der Mühle ... ein bartloser Müller.
Das Mädchen seufzte und ging weiter. Sie ging bergauf, bergab. Die Sonne brannte herunter. Es war schon Mittag.

Im Tal floss ein Fluss. Am Fluss war eine Mühle.
Vor der Mühle stand ... ein bartloser Müller.

Aber das Mädchen wollte nicht mehr weitergehen. Sie trat auf den Müller zu und reichte ihm den Sack mit Getreide. Er packte ihn, betrat die Mahlkammer und kippte das Getreide ins Mahlwerk. Dröhnend liefen die Körner über den Mahlstein und Mehl floss in die bereitgehaltene Schüssel.

„Wenig Mehl!", dachte das Mädchen. „Wie kann es so wenig sein?"

Aber ehe sie es sich versah, hatte der Müller Wasser und Sauerteig hinzugefügt, den Brotteig geknetet und ihn zum Gehen hingestellt.

„So", sagte der Müller zufrieden und strich sich seine glatten Wangen, „gleich wird der Teig fertig sein. Mein Ofen ist nämlich gerade eingeheizt. Eine solche Gelegenheit darf man sich keinesfalls entgehen lassen. Je frischer das Mehl gemahlen, desto besser fürs Brot."

Und flink hatte er einen Laib geformt und in den Ofen geschoben. Schon duftete es köstlich. Er holte das gebackene Brot goldbraun und knusprig aus dem Ofen, aber – was war das? Zwar war eine ordentliche Menge Mehl zu Teig geformt worden, aber statt eines Brotes, von dem eine Familie eine Woche lang hätte essen können, war dies hier kaum mehr als eine Semmel. Das Mädchen sah es wort- und fassungslos.

„Oh!", sagte der Müller. „Das Brot ist aber arg klein. Wenn ich nun meinen Anteil davon zum Lohn für meine Arbeit bekommen soll, bleibt dir am Ende doch nichts übrig ... ich weiß etwas: Lass uns um die Wette lügen und wer von uns beiden am besten lügen kann, soll das ganze Brot bekommen."

Das Mädchen seufzte: „Also gut."

„Ich fange an!", rief der Müller und er log so haarsträubend, dass sich die Balken der Mühle bogen. Er log so fürchterlich, dass der Staub sich vor Schreck vom Boden erhob und an der Decke liegen blieb. Er log so herzergreifend, dass das Mühlrad sich gegen den Strom zu drehen begann.

„Und", fragte das Mädchen, „bist du jetzt fertig?"

„Ja", antwortete der Müller siegesgewiss und machte es sich auf der Ofenbank bequem.

„Dann hör zu", begann das Mädchen. „Es war vor langer, langer, gar nicht langer Zeit, als die Eulen noch ein Auge zudrückten, als die Tage noch finster waren und die Nächte hell, genau einen Tag, nachdem ich meinen Vater geboren hatte, da wollte ich ein wenig ausreiten und mir die Hände vertreten. Ich spazierte vor die Tür hinaus, pfiff und da kam auch schon mein Reitschmetterling.

Bevor wir aufgebrochen waren, gelangten wir glücklich ins Land meiner Alpträume. Ich sprang mit Schwung vom Rücken des Elefanten, der nach der langen Reise erschöpft sein musste.

Aber – oje! Ich war in einem tiefen Sumpf gelandet. Mein Elefant, leicht und schreckhaft, wie diese Tiere nun mal sind, rannte über die Sumpfoberfläche davon und ließ mich im Stich.

Während meine Schultern, dann mein Rumpf, dann mein Becken, dann meine Beine und zuletzt meine Füße versanken, dachte ich mir: ‚Das ist nicht weiter schlimm, wenn nur niemand kommt, um mich zu retten!'

Da steckte ich auch schon bis zum Hals im Schlamassel. Ich schaute über die weite Fläche hinweg und sah eine Reiterhorde auf mich zukommen.

‚Hallo!', rief ich und winkte sie herbei.

‚Gib uns dein Geld, deine Schätze!', brüllten die Reiter, lieblich lächelnd.

‚Ich habe nichts dabei', sprach ich gelassen. Da zog der Räuberhauptmann den Säbel und schlug mir den Kopf ab.

‚Oh', dachte ich erfreut, ‚nun ist guter Rat teuer und was teuer ist, ist ja noch besser.'

Die Reiterhorde sprengte über den Sumpf davon und ich schaute hinterher. Der Abschied fiel mir schwer. Da hatte ich eine Idee. Ich schlenderte ins nahe gelegene Dorf. Auf dem Hauptplatz saß eine Frau, die hatte einen großen Holzstapel neben sich liegen und strickte Häuser daraus.

‚Gute Frau', sagte ich, ‚hättet ihr wohl freundlicherweise ein langes Seil, das ihr mir kurz leihen könnt? Ich stecke dort drüben im Sumpf fest und muss mich mal schnell herausziehen.'

Sie schaute mich staunend an und antwortete: ‚Ich will dir nicht zu nahetreten, aber wir kennen uns ja schon seit drei Ewigkeiten. Mir scheint, dir fehlt etwas. Hast du nicht deinen Kopf irgendwo vergessen?'

Ich griff hin, und wirklich!

‚Ach', sagte ich, ‚verbindlichsten Dank auch. Den Kopf muss ich im Sumpf

liegengelassen haben. Ich werde ihn jetzt gleich in zwanzig Jahren holen und ihn richtig mit der Nase in Richtung zum Hintern wieder an seinen Platz setzen.'

Da nickte die Frau und gab mir ein schönes, dickes Seil, das leicht zu tragen war. ‚Mach dir nichts draus', sagte sie, ‚das kann ja jedem passieren.'

Ich gab ihr zum Dank eine Ohrfeige, die sie gern entgegennahm.

Dann ging ich zurück zum Sumpf, suchte mir am Rand einen festen Stand, band mir das Seil um die Taille und zog mit aller Kraft. Da kamen zuerst ich und dann mein Kopf aus dem Sumpf wieder hervor. Ich setzte ihn fein säuberlich an seinen Platz. Da sah ich das Seil rucken und zog nochmals. Siehe da! Daran hingen hundertunddreizehn Leute, die alle schon eine Weile dort im Sumpf gesteckt hatten, und allen half ich heraus.

Sie fragten mich natürlich, woher ich käme und was ich hier wolle. Da erzählte ich ihnen, dass ich zuhause mit einem bartlosen Müller zu tun gehabt hätte, in dessen Mahlgängen mein Getreide einfach verschwunden sei, und der ein winzigkleines Brot daraus gebacken habe, das er auch noch behalten wolle.

‚Oh', sagten alle hundertdreizehn sehr Anteil nehmend, ‚wie die Dinge liegen, ist es aber doch wohl klar, dass das Brot dir gehören muss!'

Genau in diesem Moment packte das Mädchen das Brot und rannte damit nach Hause, drei Mal bergauf und bergab, ohne eine Pause zu machen.

Der Müller aber saß noch lange auf seiner Ofenbank, glotzte vor sich hin, schüttelte den Kopf und murmelte: „Jaja, das hätte mir alles auch ganz genau so passieren können."

# Rettung mit dem Löffel

aus Japan

**Es lebte einmal eine Frau** ganz allein in einer Hütte abseits vom Dorf. Sie lud niemanden ein, denn sie hatte gar nichts, womit sie Besucher hätte bewirten können. Selbst die Mäuse hatten die Hütte schon verlassen, weil sie gar zu hungrig geblieben waren.

Die Frau jedoch lebte noch. Es ist erstaunlich, von wie wenig ein Mensch leben kann. Sie nährte sich fast nur noch von der Hoffnung. Und sie träumte vom Essen.

Wie viel Reis ist nötig, um Reiskuchen zu machen?

Nicht viel, aber auch nicht allzu wenig.

Tag für Tag kratze die Frau Reiskorn um Reiskorn zusammen und hatte endlich genug davon, um es immerhin zu versuchen. Sie kochte die weiße Kostbarkeit, wurde vom Duft und vor Verlangen fast ohnmächtig, hielt aber durch und formte zwei köstliche Reiskuchen.

Der Anblick des Essens erfüllte sie mit Entzücken. Um die Freude vollkommen zu machen, beschloss sie, ihre Mahlzeit an einem schönen Platz zu verspeisen. Daher erstieg sie den nahe gelegenen Hügel, ein runder Fels wurde ihr Sitzplatz.

Begeistert aß sie den ersten Reiskuchen. Sie ließ ihn auf der Zunge zergehen, ließ die Speise genüsslich in den Magen wandern und weidete sich an einer ersten Ahnung vom Sattwerden. Sie war dabei so versunken, dass sie nicht bemerkte, wie der zweite Reiskuchen vom ihrem Schoß hinunterfiel. Sie sah ihn erst, als er bereits bergab rollte, immer schneller und schneller. Sofort jagte sie ihm in Windeseile hinterher.

Wäre sie weniger hungrig gewesen, so hätte sie gewiss die wabernde Masse gieriger Mäuler bemerkt, die sich am Fuße des Hügels versammelt hatten, den Reiskuchen umringten und ihn kurzerhand verschlangen. Weg war er, gefressen von einer Horde wilder Geister, die „Oni" genannt werden.

Die Reisköchin hatte früher, in anderen Zeiten, oft von ihnen gehört und erzählt: „Ihre Mäuler, müsst ihr wissen, sind größer als ihre Gesichter. Wenn Oni das Maul aufreißen, verschwindet alles, aber auch alles darin! Darum, wenn ihr Oni seht, flieht so schnell ihr könnt!"

Sie wusste also gut genug Bescheid und hätte normalerweise beim Anblick dieser Ungeheuer schleunigst das Weite gesucht. Aber der Hunger auf den Reiskuchen hatte ihr den Blick auf alles andere in der Welt versperrt. Deshalb rannte sie weiter, dorthin, wo eben noch der ersehnte Reiskuchen gewesen war.

„Schämt euch, ihr Ungeheuer, ihr Gierschlunde, ihr Mundräuber!", schrie sie ohne jede Vorsicht in die Onifratzen. „Gebt mir sofort meinen Reiskuchen zurück! Tag für Tag habe ich Reiskörner gespart. Ich habe diesen Reiskuchen so köstlich zubereitet und er gehörte mir! Aber ihr habt ihn mir weggefressen. Gebt ihn mir sofort zurück!"

Stumm und fast andächtig blickten die kugelrunden Oniaugen auf die nun schweigende Frau.

„*Du* hast diesen Reiskuchen gemacht?", fragte endlich einer von ihnen.

„Ja", stieß die Frau, deren Zorn verraucht war, mit letzter Kraft hervor.

Da packten die Oni die Frau. „Komm mit", quabbelten sie fast freundlich, „wenn du eine so vorzügliche Köchin bist, wirst du es bei uns gut haben. Und Reis sollst du bekommen, so viel du willst!" Und sie führten sie hinab in ihr unterirdisches Höhlenreich.

Dort hing über einem lodernden Feuer ein kupferglänzender, riesiger Kessel. Das Wasser darin brodelte bereits.

„Rühre, Köchin!", riefen die Oni und drückten ihr einen mächtigen Kochlöffel in die Hand. Dann streuten sie Reis in den Kessel. Zwei, drei Körner waren es, nicht mehr.

„Das kann gut werden", dachte sich die Frau. „Das ist ja schlimmer als bei mir zu Hause!"

Aber wie staunte sie, als sich der Kessel, während sie rührte, mit Reis füllte. Der Reis wurde mehr und mehr.

Die Frau formte köstliche Reiskuchen und die Oni aßen und aßen und aßen. Und sobald sie satt waren, aß die Frau.

So verging einige Zeit.

Statt in ihrer Hütte über der Erde Tag für Tag die Reiskörner zusammenzukratzen, hatte sie nun, als Oni-Köchin unter der Erde, ständig unermessliche Mengen von Reis in Händen. Er wurde vom Zauberlöffel vermehrt, bis der Kessel randvoll war. Die Reiskuchenköchin werkelte unermüdlich und wurde jeden Tag wohlig satt.

Unter einem guten Leben verstand sie aber dennoch etwas anderes. Sie sehnte sich nach der freien, frischen Luft und wollte wieder ihre eigene Herrin sein.

Also sann sie auf Flucht und beobachtete das Geschehen genau. Zwischen Rühren und Küchleinformen fand sie heraus, woher die Oni das Wasser für den Reiskessel anschleppten. Sie hörte von dort ein fernes Wasserrauschen. „Dort muss ein Fluss sein", dachte sie sich, „ein unterirdischer Fluss."

Eines Nachmittags, als die Oni ihr Verdauungsschläfchen hielten, packte sie die Gelegenheit beim Schopf und rannte, den Kessel in der einen, den Löffel in der anderen Hand, in eben diese Richtung. Schon hörte sie es rauschen. Schon sah sie das klare Wasser funkeln.

Sie warf den Kessel platschend auf die Wasseroberfläche, sprang hinein, stieß sich vom Ufer ab und paddelte mit dem Löffel nach Leibeskräften.

Da tauchten schon die wütenden Fratzen der Oni am Ufer hinter ihr auf. Die Oni zerrissen sich die Mäuler und schimpften lautstark über Undank und Diebstahl.

Die Flüchtende spürte den stinkenden Atem der Menge, paddelte noch eifriger als zuvor und hoffte zu entkommen, denn sie hatte die Strömung in der Mitte des Flusses erreicht.

Aber auf einmal legten sich die großmäuligen Verfolger am Strand auf ihre Bäuche.

„Was tun sie da, um Himmels willen?", fragte sich die Frau. Da spürte sie schon, wie das Wasser sank und schwand. Die Oni soffen und soffen den Fluss leer. Kein Tropfen Wasser blieb übrig. Der Kessel saß auf dem Trockenen. Die Fische zappelten und hüpften auf dem Grund des kahlen Flussbettes. Die Frau griff nach einem der Fische und schleuderte ihn wohl gezielt in Richtung eines Onimaules. „Da, schaut, hier kommt was zu fressen!", brüllte sie. „Schnell, schnappt es euch!" Eilig packte sie einen zappelnden Fisch nach dem anderen, holte aus, zielte und warf. Sie achtete gut darauf, keinen der Gierschlunde zu vernachlässigen. Massen frischer Fische segelten durch die unterirdische Luft auf die Gefräßigen zu.

Welcher Oni hätte jemals einer solchen Verlockung widerstehen können? Sie schnappten und schlangen. Aber dazu mussten sie ihre Mäuler öffnen. Und so strömte all das Wasser, das sie getrunken hatten, wieder seiner Wege. Die Flut erfasste den Kessel mit der Frau darin und trug ihn sanft davon, immer weiter, immer höher, hinauf in die obere, wirkliche Welt, bis sie mitsamt ihrem sonderbaren Schiff in eine Bucht getragen und ans Ufer geschwemmt wurde. Sie kletterte aus dem Kessel, schüttelte sich, schaute sich um und blinzelte ins helle Tageslicht. Dann spazierte sie, den Zauberlöffel als Wanderstab nützend, nach Hause in ihre alte Hütte.

Von jenem Tag an kochte und kochte sie Reiskuchen mit Liebe, mit Geschick und mit dem Zauberlöffel.

Sie bekam ihr Lebtag lang keine Oni mehr zu sehen. Aber mit ihrer Einsamkeit war es dennoch vorbei, denn wer auf Reisen war, den hieß sie willkommen. Sie bekochte und bewirtete ihre Gäste mit Liebe und Leidenschaft. Waren sie satt, dann gab es genug zu erzählen.

So kehrten dank eines unternehmungslustigen Reiskuchens und eines verzauberten Kochlöffels Glück und Geselligkeit in ihrer Hütte ein und haben sie bis auf den heutigen Tag nicht wieder verlassen.

# Im Handumdrehen satt

Romaerzählung

Es waren einmal zwei Zigeuner – eine Frau und ihr Mann – die waren schon lange Jahre zusammen, in guten und in schlechten Zeiten. Ja, besonders in schlechten Zeiten, denn davon hatten sie bisher deutlich mehr bekommen.

So war es auch an jenem Tag: Die beiden saßen mit knurrenden Mägen da und hatten keinen Kanten Brot, keinen Apfel, kein Stückchen Käse mehr, das sie hätten teilen können.

Still war es in der Hütte des Zigeunerpaares, verdächtig still.

Da ertönte, jäh und unverkennbar, heftiges Streiten, Zanken und Keifen. Es klirrte und polterte schrecklich in der bescheidenen Hütte. Es klang genau so, wie ein Ehestreit eben klingen muss. Anteilnehmend, wie es in der Zigeunerwelt so üblich ist, eilten die Verwandten und Bekannten herbei, lauschten, traten näher und gingen hin, um den beiden Streitenden gut zuzureden, ihre Gemüter zu besänftigen und Frieden zu stiften.

Weil aber der Streit so unerbittlich, der Groll der beiden so unversöhnlich und die Streitursache so unergründlich schien, führte man die widerstrebenden Zänker endlich in ein Haus, wo gerade das Essen auf dem Tisch stand.

„Setzt euch und esst erst einmal!", drängte man die beiden. Denn insgeheim dachten die wohlwollenden Leute: „Miteinander zu essen hat schon manches Paar Kampfhähne friedlich gemacht."

Da saßen die beiden nun am Tisch. Und wer sie so sah, dachte, sie würden aus verhaltenem Zorn ihre Gesichter senken. Dass sie es taten, weil sie das Lachen über ihre gelungene List unterdrückten, ahnten die besorgten Nachbarn nicht.

Wie es damals üblich war, aßen alle, die am Tisch saßen, miteinander aus einer großen Schüssel, tauchten Brot und Löffel ein und bekamen, was im

Eintopf eben gerade an dieser Stelle zu finden war, Gemüse und Zwiebel und Bohnen und mancher auch ein Stückchen Fleisch. Nun hatte der Mann, unter seinen gesträubten Brauen und dichten Wimpern hervorlugend, einige Fleischstückchen entdeckt, die wie eine Insel im Meer der eher dünnen Suppe beieinander schwammen.

Er wählte einen Moment, in dem das Tischgespräch den Geräuschen von Löffeln und Schlucken vollends gewichen war. Dann warf er seiner Frau quer über den Tisch, wohin die Nachbarn sie vorsorglich in Sicherheit gebracht hatten, einen feuerscharfen Blick zu. Er machte eine Geste, als packe er seine Gegnerin an der Gurgel und knurrte: „Wenn ich dich erwische, werde ich deinen Hals umdrehen, genau so, wie ich diese Schüssel drehe!"

Die Zuschauer schauderten bei seiner Darbietung. Da saßen sie und warfen der Frau, in Sorge um ihr Leben, mitleidige Blicke zu. Sie aber löffelte herzhaft von den Fleischstücken, die durch die Drehung unversehens vor sie hin geraten waren. Dann setzte sie zum Gegenschlag an.

Sie packte die Schüssel. Ebenso drohend und grollend, wie es zuvor ihr Mann getan hatte, schaute sie nun ihn an. Die Blicke der beiden lagen ineinander, so intensiv, wie es nur im Kampf und in der Liebe vorkommt. Dann zischte die Frau mit zusammengebissenen Zähnen: „Aber warte, vorher erwische ich dich und dann drehe ich deinen Hals *so* herum!"

Wer achtete schon darauf, dass bei dieser Drehung der Schüssel das Fleisch vor den Mann zu stehen kam und er den Rest davon verspeiste. Sorgenvoll maßen die Anwesenden die grimmigen Blicke des Mannes.

Das Essen und das Gespräch dauerten noch lange. Das Ehepaar schien langsam friedlich zu werden und schließlich, gegen Mitternacht, gingen sie Arm in Arm nach Hause. Und bald schliefen die beiden friedlich, tief und fest.

Eine schmunzelnde Stille machte sich breit, floss und flog von der Hütte des Paares über die Siedlung, vereinte sich mit der Freude der Friedensstifter. So schwebte in dieser Nacht ein Hauch Zufriedenheit über der Siedlung, von der Mitte bis zur äußersten Hütte.

# Sven, mein Knecht!

aus Schweden

**Es war einmal ein junger Mann,** der war von hoher Geburt, ein Baron oder Herzog oder Fürst ... und Geld gab es in der Familie, mehr als ihr euch vorstellen könnt. Da hat der junge Herr es sich gut gehen lassen und er hatte eine Menge Freunde, die ihm halfen, das Leben zu genießen.

Eines Tages jedoch dachte sich dieser Jüngling: „Es wäre zu schade, meine Talente hier zu vergeuden. Jeden Tag sehe ich die gleichen Menschen. Ich werde hinaus in die Welt reiten, um auch andere mit meiner Anwesenheit zu beglücken."

Er packte ordentlich Geld ein und ritt los. Irgendwo kam er in eine schöne Stadt, mietete im Gasthaus die feinsten Zimmer und lud alle, die ihm schön taten, zum Essen und Trinken ein.

„Siehe da", dachte er, „wie schnell ich neue Freunde habe. So habe ich mir das vorgestellt."

Eine Weile lief alles wie am Schnürchen, bis der feine Fürst eines Tages, als der Wirt die Rechnung brachte, in seine Taschen, Beutel und Geldgürtel hinuntergrub und keinen blanken Heller mehr finden konnte, weil so etwas nicht von selber wächst.

„Kein Problem", dachte er, „da sind ja noch meine ganzen Freunde, die haben mir so oft geholfen, mein Geld zu verbrauchen. Die werden mir gern aus der Patsche helfen."

Aber, sonderbar, der eine war gerade und immer wieder gerade nicht zu Hause. Der nächste litt jäh an so argen Zahnschmerzen, dass er kein Wort verstehen konnte. Die Frau des dritten erklärte, er sei überraschend in dringenden Dingen verreist. Keiner half ihm aus der Verlegenheit.

Ja, wenn Futter im Koben ist, kommen die Schweine herbei und wenn er leer ist, laufen sie fort.

Da musste der junge Herr seine Habseligkeiten verpfänden und zog in den Stall, wo er mit Ach und Krach noch einige Tage überdauerte.

Die Umstände waren anders geworden. Zu jener Zeit war er schon froh, wenn er ein Stück trockenes Brot speisen konnte. „Aber vornehm bin ich", sagte er sich, „das war ich schon immer und keiner kann es mir nehmen."

Es kam der Morgen, an dem sich unser Held von seinem Lager erhob, statt Daunen Strohhalme aus seinen Haaren zupfte und der Wirt in ganzer Größe vor ihm stand: „Dein Pferd gehört jetzt mir. Willst du weiter hier wohnen, so musst du im Voraus zahlen."

Da beschloss der Herzog oder Fürst, oder was auch immer er Feines war, auf Schusters Rappen den Weg nach Hause anzutreten, denn da gab es ja noch Eigentum genug.

Er ging und ging, bis die Stiefelsohlen Löcher hatten.

Da wurde ihm die Sache sauer.

Er war gerade in einem großen, dichten Wald und sah eine kleine, alte Hütte vor sich. Er klopfte an und versuchte, da niemand antwortete, die Klinke zu drücken. Siehe da, die Tür öffnete sich und mit einem Schritt stand er in einem düsteren Raum mit nichts darin als nur einer Truhe.

„Hm", dachte er sich, „vielleicht ist darin ja eine alte, trockene Brotkruste, die ich essen kann …", und er hob den Deckel, der unverschlossen war.

In der Truhe fand er eine Truhe. Darin war eine Truhe und in dieser: eine Truhe. Auch diese Truhe öffnete er. Er fand eine weitere schöne, kleine Truhe darin. In dieser waren, eine in der anderen, weitere Truhen enthalten, eine immer gerade so viel kleiner als die vorige, dass sie haargenau ineinander passten.

Die allerletzte, kleinwinzige Truhe hielt er erwartungsvoll in Händen und fand darin zu guter Letzt einen Zettel. Gelernt hatte er in jüngeren Jahren viel, unter anderem die Kunst des Lesens, und so entzifferte er die Worte: „Sven, mein Knecht!"

Da war ihm, als hörte er eine Stimme an seinem Ohr: „Was befiehlt der Herr?"

Er fuhr herum, ließ seinen Blick über den kargen Raum gleiten, sah aber niemanden.

„Sven, mein Knecht?", las er nochmals.

„Was befiehlt der Herr?", vernahm er es nun ganz deutlich, aber ein wenig ungeduldig neben sich.

„Also, wenn ich mir was wünschen kann ... etwas zu essen und zu trinken hätte ich gern."

Und – schwupp – schon standen da ein Sessel und ein Tisch, fertig gedeckt mit köstlichen Speisen, wie der feine Herr sie schon länger nicht mehr gesehen hatte, allerlei Getränken und Süßigkeiten.

Er setzte sich hin und schmauste, bis er satt und rechtschaffen müde war. Dann lehnte er sich zurück, nahm den Zettel zur Hand.

„Sven, mein Knecht!"

„Was befiehlt der Herr?"

„Sven, ich möchte ein schönes Bett mit frischem Bettzeug, Daunendecke und einem feinen Nachthemd haben!"

Schon war es da. Der Jüngling streifte die abgewetzten Kleider ab, schlüpfte in Hemd und Bett und wollte gerade einschlummern, da fiel ihm etwas ein.

„Sven, mein Knecht!"

„Was befiehlt der Herr?"

„Lieber Sven, ein so schönes Bett sollte auch eine angemessene Umgebung haben. Schaff mir einen Palast um das Bett herum mit 80 Zimmern und allem, was dazugehört."

Als er das Gewünschte in voller Pracht um sich sah, legte er sich mit einem Seufzer zurück und schmiegte sich in Morpheus Arme.

Nun gehörte der Wald, in dem die Hütte gestanden war, einem König, der ebenfalls einen schönen Palast hatte. Als dieser König am nächsten Morgen erwachte, trat er, wie gewohnt, auf seinen Balkon, um über sein Land hinweg zu schauen. Gleich auf den ersten Blick sah er das prächtige Schloss, das sich mitten im Wald erhob.

Das sehen und nach dem Haushofmeister läuten war eins. Der Getreue eilte herbei: „Eure Majestät?"

„Siehst du den Palast dort drüben?"

„Ja, Eure Durchlaucht."

„Aber da war noch nie ein Palast!"

„Nein, Eure Durchlaucht, das ist wahr."

„Augenblicklich befiehlst du meinen Oberst und eine Garnison meiner Soldaten dorthin. Sie sollen den Schelm, der es gewagt hat, widerrechtlich auf meinem Grund und Boden ein Schloss bauen zu lassen, gleich dort im Wald aufknüpfen. Macht kurzen Prozess mit ihm und macht das Schloss dem Erdboden gleich."

„Zu Befehl, Majestät."

Der Oberst machte sich, sobald er den Befehl vom Haushofmeister erhalten hatte, auf den Weg.

Inzwischen war der Herzog, wenn er denn einer war, erwacht, reckte sich, streckte sich, gähnte königlich und ergriff seinen Zettel, um Frühstück zu bestellen. In dem Moment hörte er von fern einen sonderbaren Klang. Der Herzog hatte in jungen Jahren seine Lektion in der Armee gelernt, auch wenn er sich dort nicht sonderlich mit Ruhm bekleckert hatte. So erkannte er, dass das Geräusch auf ein herannahendes Heer schließen ließ.

Statt des Frühstücks bestellte er bei seinem Knecht daher ein Schlachtross, eine Generalsuniform, Waffen und ein Heer, doppelt so groß wie das heranrückende.

Er kleidete sich sorgsam. Denn dass beim Militär ein perfektes Äußeres verlangt wurde, hatte er sich eingeprägt. Gelassen wie ein erfahrener Befehlshaber stieg er dann auf das von Sven besorgte edle Ross. Er instruierte seine Truppen, die Waffen gesichert zu halten und keine voreiligen Bewegungen zu machen, wenn sie dem kommenden Heer entgegenritten.

„Seid freundlich. Stellt euch vor, wir ziehen nicht in die Schlacht, sondern in Galauniform zum Festmahl", schärfte er seinen Soldaten ein. „Erst wenn ich es verlange und nur auf meinen Befehl hin, greift ihr an. Aber so weit wird es nicht kommen."

Er ritt dem Oberst entgegen und immer näher auf ihn zu. Er schaute ihm dabei so entspannt und freundlich in die Augen, dass dieser staunend verharrte und seinerseits keinen Angriff befahl.

Der Herzog, begrüßte den Oberst wie einen Freund und lud ihn und seine ganze Garnison in seinen Palast zum Frühstück ein: „Wir alle sind doch Soldaten und Offiziere. Wir sind von der gleichen Art. Begegnet uns als Freunden und Gleichgesinnten. Als erfahrener Stratege seht Ihr ja auf den ersten Blick, dass Ihr mit Euren paar Leutchen gegen meine Garnisonen nichts ausrichten könnt. Macht Euch und Eurem König diesen Herzog zum Verbündeten. Der König wird es Euch danken. Denn wenn ihm Feinde zusetzen, werde ich zu Hilfe kommen, mit diesen und noch mehr Mannen."

Der Oberst ließ sich überzeugen. Beim Festschmaus – denn es war ein deftiges Frühstück, das Sven den Gästen auftragen musste – fand er nach dem fünften Bier, der Herzog sei so ein feiner Bursche, dass er sich doch des Königs einzige Tochter, die Prinzessin, einmal anschauen solle. Die wäre vielleicht etwas für ihn.

Da war der Herzog neugierig geworden. Als die Soldaten und Offiziere endlich satt und müde hingesunken waren, ging er seinen Zettel holen.

„Sven, mein Knecht!"

„Was befiehlt der Herr?"

„Hol mir die Prinzessin hierher, mitsamt dem Bett, in dem sie schläft, jedoch ohne sie aufzuwecken."

Im Handumdrehen segelte das Himmelbett der Prinzessin zur Tür herein. Der Herzog schaute sie sich genau, ganz genau an, sog den Anblick ihrer lieblichen und auch pfiffigen Züge in sich auf und schickte das Bett samt schlafender Dame wieder nach Hause zurück.

Am nächsten Morgen erhob sich der König, ging auf den Balkon, erschrak und läutete nach dem Haushofmeister.

„Siehst du das Schloss dort drüben?"

„Ja, Majestät. Das war gestern auch schon da, Euer Wohlgeboren."

„Wo ist der Oberst? Wo ist mein Heer? Gab ich nicht gestern den Befehl, den Palast zu vernichten?"

In diesem Moment kam der Oberst, um Bericht zu erstatten.

Er schilderte den Herzog, sein höfisches Benehmen, seine Großzügigkeit, seine Macht und Pracht in den höchsten Tönen und unterbreitete seiner Majestät das freundschaftliche Angebot.

„Hilf mir auf die Sprünge, mein Guter", unterbrach ihn der König. „Wie lautete dein Befehl?"

„Das fremde Schloss vernichten und den Besitzer hängen."

„Und was hast du getan? Freundschaft geschlossen? Du bist mein Oberst, seit ich König bin. Ich dachte, ich könnte mich auf dich verlassen."

Der Oberst hielt den eindringlichen Blicken stand und überlegte gerade, welche Trümpfe er im Ärmel hätte, als die Prinzessin hereinstürmte.

„Vater", rief sie, „heute Nacht habe ich herrlich geträumt. Und was das Wunderbarste ist, ich habe etwas Wahres geträumt! Ich sah den Mann, den ich heiraten will! Ich habe ihn im Traum gesehen. Es ist der Herzog, der im Waldschloss herrscht."

Da gab der König klein bei und seiner Neugierde nach: Er ließ den Herzog unverzüglich zu sich einladen. Und wirklich, auch er wurde von des Herzogs guten Eigenschaften und dem Sinn seines Freundschaftsangebotes überzeugt. Der Vermählung des jungen Paares wollte er aber erst zustimmen, wenn er den Palast gesehen und seiner Tochter für würdig befunden hätte. Der Besuch wurde gleich für den kommenden Tag vereinbart.

Kaum war der Herzog nach Hause zurückgekehrt, nahm er schon den Zettel zur Hand und sagte sein Sprüchlein wieder und wieder: „Sven, mein Knecht" hier und „Sven, mein Knecht" da. Einen Rosengarten mit lauschiger Laube brauche er, Blumenrabatten ... Obst und Beeren aller Arten sollten wachsen, ein Springbrunnen müsse plätschern. Im Schloss solle es seidene Pölster, geschmackvolle Gemälde, kunstvolle Gobelins, edle Möbel, goldene Teller, chinesisches Porzellan und sonst noch Allerlei geben, das dem Schlossherrn und Gastgeber einfiel.

Der König und die Prinzessin kamen, sahen und waren sehr angetan. So wurde der Termin der Hochzeit auf den baldestmöglichen Zeitpunkt festgelegt.

Für das rauschende Fest musste Sven gehorchen und rennen. Köchinnen und Diener mussten besorgt werden, Tanzmusik und Gaukler zur Belustigung, ein Feuerwerk und alles, was Gäste mögen.

Es war beim Feiern spät geworden. Das frischgebackene Paar hatte sich in seine Gemächer zurückgezogen. Die Prinzessin war mit dem Lächeln, das der Tanz auf ihre Lippen gezaubert hatte, eingeschlafen. Da hörte der Herzog an seinem Ohr plötzlich eine vertraute Stimme: „Herr?"

„Sven! Du meldest dich von dir aus?"

„Ist der Herr zufrieden?"

„Aber ja, sehr zufrieden, lieber Sven. Du hast alles ganz vorzüglich ausgeführt."

„So könnt ihr mir doch einen kleinen Gefallen tun?"

„Aber ja, lieber Sven, natürlich, gern, ich dachte nur, da du ein Geist bist und dir doch selbst alles beschaffen kannst ..."

„Nun, es gäbe da eine Kleinigkeit, die ich mir wünsche."

„Ja, was denn, lieber Sven?"

„Den Zettel."

„Ach, den? Nun, es ist ja nur ein kleiner Zettel und was darauf geschrieben steht, kann ich inzwischen auswendig. Übung macht den Meister. Wie soll ich ihn dir denn geben?"

„Leg ihn einfach auf den Bettpfosten, wenn du schlafen gehst. Alles Weitere überlass mir."

„Na dann, danke und gute Nacht, mein lieber Knecht", sprach der Herzog, legte den Zettel wie vereinbart zurecht und bettete sich neben seine Angetraute.

In den frühen Morgenstunden wurde ihm sonderbar kühl. Auch kamen ihm im Halbschlaf die Vogelstimmen erstaunlich laut vor, aber nach den Festlichkeiten war der Schlaf zu verlockend. Er zog das Tuch enger um sich und versank noch einmal im Schlummer.

Als er aber später erwachte, da fehlte um ihn her so Einiges. Auch die Prinzessin war bereits munter und schaute verwundert um sich. Die beiden lagen auf dem Holzboden einer alten Hütte mit nichts als einer Truhe darin.

Das Nachthemd, in das der Jüngling sich gekuschelt hatte, da es keine Bettdecke mehr gab, war noch da, weil die Prinzessin es aus dem Palast ihres Vaters mitgebracht hatte.

Der frischgebackene Ehemann schenkte seiner Gemahlin reinen Wein ein, da sie sonst nichts zum Frühstück hatten. Er erklärte bedauernd, wie die Sache mit dem Zettel, Sven und dem Palast verlaufen sei. Er werde sie natürlich nach Hause zu ihrem Vater begleiten, denn er habe ihr nun leider nichts mehr zu bieten.

Aber davon wollte die Prinzessin, die den Worten des Priesters bei der Trauung genauer als er gelauscht hatte, nichts wissen. „In guten wie in schlechten Tagen", sagte sie. „Also bleiben wir natürlich zusammen. Wozu hätte er das sonst sagen sollen?"

An diesem Morgen trat der König auf seinen Balkon, schaute, stutzte und läutete bald darauf wild nach dem Haushofmeister.

„Majestät", säuselte dieser.

„Siehst du den Palast dort drüben?"

„Nein, euer Wohlgeboren, da ist kein Palast."

„Aber gestern war er noch da."

„Ja, Majestät."

Da raufte der König sich das Haar, sprang in seine Kleider und ritt mit seinem Heer in den Wald hinein. Sie suchten den Palast, konnten ihn nicht finden, irrten umher und kamen zu einer ärmlichen Hütte. Der König war besorgt, wo seine Tochter geblieben sei. Also befahl er dem Oberst, die Bewohner jener Hütte nach dem Palast zu fragen. Doch ungeduldig, wie er war, folgte er ihm sofort in die Hütte und erschrak fürchterlich, als er darin seine Tochter mit nichts als ihrem Nachthemd sitzen sah.

Den Herzog ließ er ergreifen und an der großen Eiche aufhängen, wie er es ursprünglich vorgehabt hatte. Aber die Prinzessin, wenn sie sich dem ganzen Geschehen schon nicht entgegenstellen konnte, wusste es doch so einzurichten, dass er bei diesem Hängen nicht zu sterben brauchte.

Da hing der feine Herzog also im Wald an der Eiche und hatte nichts weiter zu tun als mit den Beinen zu baumeln. Und dabei dachte er über dies und jenes nach. Dass er vielleicht doch hier und da weniger wünschen und öfter selbst die Hände und Füße hätte rühren sollen, dachte er sich, und dass es ein Fehler gewesen sei, den kleinen Zettel zu unterschätzen.

Da sah er auf einmal in der Ferne eine Reihe Wagen auf dem Weg. Zeit zum Warten und Schauen hatte er genug. Und nachdem die Wagen näher gekommen waren, erkannte der Hängende, aber nicht wirklich Gehängte, dass sie mit abgetragenen Schuhen angefüllt waren.

Auf dem hintersten Wagen saß zuoberst ein kleiner grauer Kerl mit einer roten Mütze auf dem Kopf. Dieser Bursche kam dem Herzog auf sonderbare Weise vertraut vor. Staunend beobachtete er, wie die Fuhre näher und näher heran kam. Schließlich blieb der Wagen mit dem kleinen Kerl direkt vor dem hängenden Herzog stehen. Der Rotbemützte stellte sich auf den Haufen Schuhe, streckte sich hoch und begann, ihm mit einem kleinen weißen Ding vor der Nase herumzufuchteln.

„So, mein Herr, jetzt befiehlt es sich nicht mehr! Es hat sich ausge-sven-mein-knechtet. Endlich bin ich frei und mein eigener Herr. Du, gewesener Herr, befiehl dir selbst, oder den Krähen." Er kicherte kehlig. „Je nun, ich habe genug von der Lauferei. Ich bringe all diese abgelaufenen Schuhe weg und gehe in den Ruhestand." Als er aber genau so weit in seinem Text war, gab es eine rasche Bewegung, und der doch nicht tote Herzog hielt den begehrten Zettel wieder in der Rechten.

„Sven, mein Knecht!", ertönte seine Stimme.

„Was befiehlt der Herr?", der graue Bursche nahm augenblicklich Haltung an.

Und bald darauf stand der Palast da, wie zuvor, sodass Sven eilen konnte, die Prinzessin herbeizuschaffen.

Am nächsten Morgen ging der König auf den Balkon hinaus, läutete.

„Haushofmeister!", grollte er. „Siehst du den Palast dort drüben?"

„Ja", stimmte der Haushofmeister freudig zu. „Da ist er ja wieder!"

Der König war, schneller als man „Sven" sagen kann, bekleidet und beritten. Mit den nächsten, eilig herbeigelaufenen Herren als Eskorte erreichte er den Wald und den Palast, stürmte hinein, wurde von seiner Tochter und seinem Schwiegersohn, die gerade beim Frühstück saßen, begrüßt, sah drein, als wären ihm Geister erschienen und ließ sich ratlos auf den ihm angebotenen Sessel sinken.

„Aber ... ich habe dich doch gestern hängen lassen. Der Palast war verschwunden", stammelte er.

„Königlicher Vater", begütigte der Herzog, „Ihr scheint verwirrt. Ihr wisst doch wohl, dass mein Heer doppelt so groß wie Eures ist. Wie sollte Euch der Sieg gelingen? Und warum solltet Ihr mir schaden wollen, da Eure liebe Tochter und ich in der Ehe verbunden sind? Euch muss ein schrecklicher Traum geplagt haben. Hier, stärkt euch. Das wird Euch guttun."

Ein Teil des Königs wollte aufbrausen und auf dem Erlebten beharren. Ein anderer Teil wollte gar zu gern glauben, was ihm vorgespiegelt wurde. Und dieser gewann. Der König setzte sich und ließ sich das herröiche Frühstück schmecken.

Der Herzog hatte jedoch an dem einen Tag, den er im Wald gehangen hatte, einiges eingesehen und kümmerte sich von nun an vorwiegend selbst um seine Dinge. Als die Zeit gekommen war, wurden die jungen Leute Königin und König, herrschten weise und wurden alt.

Da hörte der Herzog, jetzt König, eines Tages eine altvertraute Stimme: „Herr?"

„Sven, dass ich dich mal wieder höre! Wie geht es dir?"

„Ach, früher lief ich Berge von Schuhen in euren Diensten ab und jetzt ist es, als wollte Moos auf meinen Füßen wachsen. Na, ich bemühe mich halt, den Ruhestand zu genießen. Ihr habt ja eure Dinge gründlich selbst in die Hand genommen."

„Ja, das habe ich", stimmte der König zu und streckte die Füße behaglich aus.

„Dann habe ich eine Bitte an Euch, Herr ... der Zettel ... wenn Ihr eines Tages nicht mehr seid und der Zettel jemand in die Hände fiele, dann müsste ich wieder rennen und schuften, auf meine alten Tage ..."

„Ja, was sollen wir denn da machen?"

Sie berieten eine Weile und wurden sich einig. Sie steckten den Zettel in eine winzige Truhe, diese in eine größere, diese in eine größere und immer so fort, bis sie die letzte, wirklich große Truhe unter den Wurzeln einer riesigen, alten Eiche vergruben. Es kann auch eine Buche gewesen sein.

Und wenn du eines Tages die Truhe finden solltest, überlege es dir gut, wie oft du Sven rufen willst.

# Wie König Cathal gesunderzählt wurde

aus Irland

Einst lebte und herrschte im Königreich Munster der weise König Cathal. Er wusste zu regieren, wie es nicht jeder weiß, der eine Krone auf seinem Haupt trägt. Leider wurde er eines Tages von einem winzigen, aber wilden Tier heimgesucht, das sich im königlichen Magen einnistete. Daraufhin begann Cathal, äußerst unköniglich, täglich mehr Speisen zu verschlingen, als die Bewohner eines mittleren Dorfes in einer Woche benötigen.

Die Edlen und das Volk waren verwirrt und erschrocken, als sich die sonderbare Verwandlung des Königs herumsprach, und das geschah schnell, denn in jenen Zeiten hatte man zwar weder Fernsehnachrichten noch Zeitungen, aber dafür reisten Neuigkeiten in Windeseile von Mund zu Ohr.

Eines Tages erfuhr Pichan, ein Gutsherr, König Cathal sei mit seinem Gefolge auf Reisen und wolle unterwegs bei ihm übernachten. In Zeiten vor dem wilden Tier hätte Pichan sich über die Ehre dieses Besuches gefreut, aber als wirtschaftlich denkender Mensch vermochte er das nun nicht.

Düster grübelnd saß er im großen Saal und schaute kaum auf, als Anier McConglinney vor ihn hintrat. Dieser war als Gelehrter weithin bekannt, allerdings wusste keiner zu sagen, welcher Wissenschaft er kundig war, aber überaus kundig hatte er schon immer gewirkt.

„Herr", ließ McConglinney seine wohlklingende Stimme vernehmen, „ich könnte Euch wohl aus Eurer Verlegenheit befreien."

Der Fürst hob den Kopf und blickte zerstreut.

„Ich kann König Cathal von seinem Leiden, das auch das seiner Gastgeber ist, heilen."

„Das könntest du?", fragte der Fürst.

„Wenn Ihr mir zur Verfügung stellt, was ich dazu benötige ..."

„Gut."

„Was bietet Ihr mir als Lohn?"

„Wenn du den König wirklich von seinem Leiden heilst, sollst du ein weißes Schaf aus jedem Stall zwischen Cairn und Cork haben."

McConglinney war einverstanden.

Pichan empfing seinen König, wie es seit dessen Erkrankung üblich war, mit einem Karren voller Äpfel, über die sich dieser augenblicklich hermachte.

McConglinney stand gut sichtbar in der Nähe des Königs. Cathal, kurz zuvor noch ganz ins Verschlingen der Äpfel vertieft, stutzte, als er den Gelehrten eifrig kauend neben sich erblickte. Da nahm McConglinney den Feldstein, auf dem er herumgebissen hatte, aus dem Mund und erklärte ehrerbietig und anteilnehmend, er könne es nun mal nicht mitansehen, wie ein edler Mann so gänzlich ohne Gesellschaft speisen müsse.

Es geschah, was seit Langem unmöglich geschienen hatte: Cathal nahm einen kleinen Apfel und warf ihn McConglinney zu, der ihn manierlich verspeiste, während der König den Karren leerte.

Während des gemeinsamen Mahles wechselten sie höfliche Worte. Der Gelehrte erzählte kurze, unterhaltsame Episoden aus seinem bewegten Leben, erinnerte seine Majestät an gute Bekannte und frühere Erfolge und stieg dadurch stetig in des Königs Achtung.

Nachdem der erste Hunger des hohen Herrn gestillt war, schritt dieser mit seinem Gefolge in den großen Saal. Dabei hielt sich McConglinney weiterhin unter gefälligen Gesten in Cathals Nähe auf.

„Du stehst in meiner Gunst", holte ihn der König nach einiger Zeit zur Seite. „Hast du einen Wunsch? Sprich frei heraus!"

„Majestät, Ihr wollt meinen Wunsch erfüllen, sogar wenn es ein großer ist?"

„Ich verspreche es, wenn du nichts Unmögliches verlangst."

„Dann bitte ich Euch, hoher Herr, heute Abend mit mir nach meinen Regeln zu fasten."

Was sollte der König tun? Er hatte sein Wort gegeben.

Als es dämmerte, wurde König Cathal in die frei stehende Halle geführt, in der oft Gäste bewirtet wurden. Nur Anier, der Gelehrte wusste, wie wichtig das war. Wir werden sehen.

Ein schönes Feuer loderte im Kamin und ein bequemer Sessel stand bereit, auf dem der König Platz nahm. Als er sich umsah, entdeckte er freudig silberne Schalen mit kleinen Stücken Lammfleisch, geriebenem Knoblauch, Pfeffer, Salz und Honig.

McConglinney gab den Wachen den Auftrag, den König an seinen Sessel zu fesseln.

„Ihr habt es versprochen, Majestät!" Widerwillig ließ Cathal das Unerhörte geschehen.

Der Gelehrte spießte mit seinem Schwert ein Stück Lammfleisch auf, tauchte es in Knoblauch und Honig, bestreute es mit Salz und Pfeffer, hielt es sorgsam in die Flammen, genau so, dass es außen nicht rußig wurde, sondern eine schöne Kruste bildete, und innen fein saftig blieb.

Als er den duftenden Happen langsam an des Königs Nase vorbeiführte, um ihn danach genüsslich in seinem eigenen Mund verschwinden zu lassen, behielt Cathal nur mühsam die Fassung.

„Euer Hochwohlgeboren", sprach Anier, während er ein weiteres Fleischstück zubereitete, „ich möchte Euch, mit Verlaub, etwas erzählen. Ihr werdet sehen, wie wahr es ist." Die Augen des Gelehrten funkelten vor Fabulierlust. Der König merkte davon jedoch nichts, denn er war zu sehr mit sich und seinem inneren Tier beschäftigt.

„Vor langer Zeit", begann McConglinney genüsslich, „war ich von einem Übel befallen, das ich keinem wünschen will. Ein gieriges, gefräßiges Tier hatte von mir Besitz ergriffen, das mich zwang, jeden Moment mit dem Verschlingen von Nahrung zuzubringen. Eines Tages machte ich mich, meinem Drang folgend und reichlich mit Proviant versehen, auf den Weg, um meinen Freund, den Herrscher der Fressinseln, zu besuchen.

Ich ging zum Ufer hinunter, bestieg mein Boot, das aus Brettern von Roggenbrot gezimmert und mit Griebenschmalz gedichtet war, nahm die

Ruder, die aus getrocknetem Wildfleisch bestanden und gelangte durch die Buttermilchbucht hinaus aufs freie Meer, wo Wogen von Pfirsichsaft den Bug umspülten."

Anier briet mittlerweile ein weiteres Fleischstück und beobachtete, wie aufmerksam König Cathal auf den Fortgang der Geschichte wartete.

„Ich lenkte mein schmackhaftes Boot durch den Strudel in der Senfsauce und vermied dabei geschickt Zusammenstöße mit den darin schwimmenden verlorenen Eiern. Ich gelangte wohlbehalten zu den Ufern der Fressinsel, legte an und versank bis zu den Fußknöcheln im weichen, gelben Butterstrand. Dennoch watete ich unverdrossen zum Parmesanfelsen, befestigte mein Boot mit einem Seil aus Lakritze und schritt auf dem Speckpfad munter aus.

Gebratene Hühner und gespickte junge Tauben flogen leise gurrend und schmatzend vorüber. Ich sah Marillen- und Zwetschkenknödel in reifer Fülle in den Bäumen hängen und gelangte schließlich zum Palast meines Gönners. Säulen aus Schwarzwurzeln flankierten die Fenster. Fensterscheiben aus reinstem Kristallzucker funkelten im Sonnenlicht."

Während der Gelehrte seine Fleischstücke im Feuer briet und zugleich seine Geschichte zum Besten gab, war der König immer ungeduldiger geworden, wehrte sich gegen die Fesseln und strebte zu den duftenden Happen hin, die in verlockende Nähe seines Mundes kamen, diesen jedoch nicht erreichten.

Fröhlich speiste und sprach der Gelehrte weiter: „Ich schritt durch die Flure über Teppiche aus geräuchertem Lachs. Ich erbaute mich an den edlen Gobelins aus Paprikastreifen, Hühnerfilet und Speck. Über die Treppen aus gebratenen Kartoffeln stieg ich aufwärts und fand den edlen Herrn, meinen Freund, in seinem Gemach, wo er auf einem Kanapee aus Spargel, Schinken und Sauce hollandaise lagerte.

Das Parkett war aus Biskuittäfelchen in feinsten Mustern gefügt. Sein Vanilleduft reizte mich, als ich dem hohen Herrn durch eine tiefe Verneigung die Reverenz erwies. Er jedoch, leutselig und huldvoll, ließ mich auf einem Schemel aus Sachertorte Platz nehmen und fragte mich, wie meine

Reise verlaufen sei. Als ich noch im besten Erzählen war, unterbrach er mich: ‚Freund‘, sprach er mit hungrigem Blick, ‚bitte geht in die Küche und fragt, wann das Mittagsmahl serviert wird.‘

Unterwegs strömte mir aus den Wänden der Geruch von Zimt und Kardamom, Nelken und Honig entgegen. Ich erreichte die Küchentür, deren Duft von reifem Ziegenkäse mit Bockshornklee mir Schauder des Verlangens durch den Körper jagte. Als ich sie öffnete, sah ich geschäftiges Treiben. Auf zahlreichen Feuerstellen brodelte und brutzelte es. Hier blubberte Gulasch in einem Kessel, ausreichend für eine ganze Kompanie. Dort kamen Brotlaibe, groß wie Wagenräder, aus dem Ofen. Wein und Bier, Schnaps und Met wurden in Krüge gefüllt, die wie Heerscharen zum Einsatz bereitstanden.“

In diesem Moment geschah das, worauf McConglinney bei aller Geschäftigkeit des Erzählens, Bratens und Essens die ganze Zeit gewartet hatte: Der königliche Körper bäumte sich auf und der Mund wurde von innen her ungestüm aufgerissen. Da sah der Gelehrte, wie das wilde, gesetzlose Tier, das Cathals Magen verlassen hatte, auf dessen edle, jedoch von Gier verzerrte Lippen sprang.

McConglinney packte genau im richtigen Moment zu, erwischte das Tier, hütete sich vor dessen Biss und schleuderte es in die lodernden Flammen, die sofort aufzüngelten, knisterten und Funken sprühten wie bei einem Feuerwerk. Die Halle fing Feuer und brannte bald lichterloh.

Der Gelehrte ließ den König unverzüglich mitsamt seinem Sessel von Dienern ins Schloss hinübertragen. Dort erwartete ihn ein rosenduftendes Bad. Der Genesende wurde mit Musik und Tanz erfreut, danach erhielt er ein leichtes Mahl und wurde zu Bett geleitet. Erschöpft schlummerte König Cathal länger, als es ihm in den letzten Jahren möglich gewesen war, da der Hunger ihn Nacht für Nacht mehrmals aufgeschreckt hatte. Er erwachte am nächsten Tag zur Mittagsstunde, verwandelt und lächelnd wie ein neuer Mensch.

Von nun an war König Cathal wieder der weise und kundige Regent, als welcher er vor seiner Krankheit bekannt gewesen war. Darüber hinaus gedachte er der schweren Zeiten, die sein Volk mit ihm durchgestanden hatte, als es fürchten musste, er werde buchstäblich jedem einzelnen von ihnen die Haare vom Kopf fressen. Er entschädigte seine Untertanen für die ertragenen Schrecken mit Großzügigkeit und Milde.

Anier McConglinney stand beim König von nun an in hohem Ansehen und auch von Pichan erhielt er den versprochenen Lohn. So gelang es ihm, mit einer wohl gewählten Geschichte im richtigen Moment für sein ganzes Leben ausgesorgt zu haben.

# Guten Tag, Tod!

# Gevatter Tod

aus Deutschland

Es war einmal, es war keinmal, damals, vor langer, langer, gar nicht langer Zeit. Damals, als es die Zeit noch nicht gab, als die wundersamsten Wesen noch auf Erden wandelten und die Menschen sie wie ihresgleichen sehen konnten. Da lebte ein Mann, der hatte so viel Kinder, wie Löcher sind in einem Sieb. Eines Tages kam es, wie es kommen musste: Seine Frau gebar der Familie noch ein Kind hinzu.

„Wer soll dem Kind Gevatter stehen?

Wer soll es aus dem Taufwasser heben?

Wer soll seinen Weg in die Welt hinaus betreuen?"

So fragte sich das verzweifelt frohe Elternpaar. Alle Verwandtschaft, Freundschaft und Magschaft war bereits Pate eines Kindes geworden.

Schließlich ging der Mann auf die Straße hinaus. Seine Schritte führten ihn vor den Ort aufs freie Feld. Da begegnete ihm ein gütig dreinblickender, großer Mann, der von einem Glorienschimmer umgeben war.

„Ich will der Pate deines Kindes sein", sprach dieser und seine Stimme umwehte die Sträucher und Steine mit Wohlklang. „Ich bin der liebe Gott. Ich will dein Kind glücklich machen und sein Lebtag lang für es sorgen."

„Dich wähle ich nicht", sagte der arme Mann nach kurzem Bedenken. „Denn du verteilst die Güter ungerecht auf Erden. Den Reichen gibst du, die Armen lässt du darben. Wer Kinder hat, bekommt noch mehr davon und muss sie Hungers sterben sehen."

Der arme Mann ging weiter.

Nach einer Weile begegnete ihm ein Mann mit verwegenem Lächeln und gegerbten Zügen.

„Ich will dein Kind zur Taufe begleiten und schenke ihm Erfolg und Geld, mehr als du dir vorstellen kannst, so lange seine Füße die Erde betreten", sprach dieser. Der arme Mann sah den Pferdefuß.

„Lieber Teufel", sagte er, „ich wähle dich nicht zum Paten meines Kindes, denn du nimmst alleweil mehr, als du gibst. Am Zahltag holst du dir für etwas Glanz, den du gegeben hast, die Seele. Bewahrt sei mein Kind vor bösem Erwachen und vor deiner Fürsorge."

Weiter ging der Mann. Und als es Mittag wurde, begegnete er einem hageren, kraftvollen Herrn.

„Ich will deinem Sohn Gevatter sein", sagte dieser trocken. „Ich bin der Tod. Ich biete meinem Patenkind Ruhm und Ansehen, Reichtum und Einfluss."

Der arme Mann hörte und sah. Dann sprach er: „Du sollst meinem Jüngsten Gevatter sein. Denn du bist gerecht. Du holst jeden, reich oder arm. Auf dich kann man sich verlassen. Und doch hast du Geduld, bis deine Schwester, das Leben, ihren Teil getan hat."

Der jüngste Sohn des armen Mannes wuchs heran. Als er erwachsen war, lernte er den Beruf eines Arztes und machte sein Examen. Da kam sein Gevatter und grüßte ihn.

„Mein liebes Patenkind", sagte der Tod, „ich verleihe dir dieses Heilkraut und eine besondere Gabe: Wenn du an ein Krankenbett gerufen wirst und mich am Kopfende stehen siehst, dann gib ihm von dem Kraut und sei zuversichtlich. Stehe ich aber bei den Füßen des Kranken, dann sprich bedauernde Worte und lass mich meine Arbeit tun."

Das Patenkind des Todes wurde ein sehr berühmter Arzt und heilte viele Menschen.

Eines Tages wurde der Arzt zum König gerufen, der schwer krank darniederlag. Nichts schien mehr zu helfen. Sofort sah der Arzt den Tod bei den Füßen des Kranken stehen. Weil der König und seine Gefolgschaft aber so dringend baten, brachte er die bedauernden Worte nicht über die Lippen, und während er noch zögerte, hatte er plötzlich eine Idee. Diener wurden gerufen und das Bett des Königs flink herumgedreht. Schon stand der Arzt mit seinem heilenden Kräutertrank bereit. Der König schluckte, kam zu Kräften und wurde gesund. Der Tod drohte seinem Patenkind mit einer eindeutigen Geste und verschwand.

Der Arzt wurde reich, berühmt und beliebt über alle Maßen.

Zeit verging.

Und eines Tages wurde der Arzt wiederum in den Königspalast bestellt. Da lag die schöne Prinzessin im Bett und war schon ganz grau im Gesicht. Neben ihren Füßen sah der Arzt den Tod stehen.

„Ich kann ihr nicht helfen, sterben muss sie", dachte der Arzt und wurde von Herzen betrübt.

Er sah die flehenden Blicke der Umstehenden.

Er sah die schwindende Schönheit und den Reichtum, der sie umgab.

„Es wird schon gut gehen!", sagte er sich, winkte die Diener herbei und ließ das Bett drehen, bis der Tod beim Kopf der Prinzessin zu stehen kam und finster blickend verschwand.

Als der Arzt gelobt, belohnt und gefeiert nach Hause kam, da war sein Gevatter zu Besuch. „Komm", sagte dieser, „ich zeige dir einen besonderen Ort."

Da musste der Arzt mitgehen, denn sein Pate war stark. Er führte ihn in eine große, weite Höhle, in der unzählige Kerzen brannten, kleine und große, kurze und lange.

„Dies sind die Lebenslichter der Menschen", erklärte der Tod.

Der Arzt sah sich um. „Manche haben noch viel Nahrung", bemerkte er. „Und andere müssen bald verlöschen."

„Ja", stimmte der Tod zu.

„Sieh nur", sagte der Arzt. „Das Licht dort wird gleich verlöschen. Steck doch eine Kerze darauf, damit das Licht erhalten bleibt!"

„Soso", schmunzelte der Gevatter, „noch länger den Erfolg genießen, noch länger das Leben schmecken, das wäre dir wohl recht … Dieses Lebenslicht ist das deinige."

Er nahm eine Kerze und tat, als wolle er sie auf die verlöschende setzen, aber eh sich der Arzt versah, war die Flamme erstickt, wie es eben geschehen kann.

Da starb der Arzt und keiner konnte ihm helfen.

# Die alte Frau und der Tod

aus dem deutschsprachigen Raum

Es war einmal eine alte Frau, die lebte ein wenig abseits vom Dorf ein behagliches Leben. Sie aß gut, trank gut und ging einmal in der Woche hinunter ins Dorf, um sich zu unterhalten und den neuesten Klatsch und Tratsch zu erfahren.

Eines Morgens pochte es dröhnend an ihre Tür. Sie öffnete und schaute erstaunt.

„Was willst du denn hier?", fragte sie. „Ich habe dich nicht gerufen."

„Das macht nichts", antwortete der Tod. „Komm mit."

„Hmm", sagte die Alte. Sie lächelte so vertrauenerweckend, als könnte sie kein Wässerchen krümmen und kein Härchen trüben.

„Wenn es sein soll, dann will ich schon mitkommen, aber du wirst verstehen, da du einfach so unangemeldet daherkommst, dass ich noch einige Kleinigkeiten zu erledigen habe, bevor ich mit dir in dein Reich gehe. Ich habe wirklich lange gelebt. Da ist freilich das eine oder andere noch nicht fertig und es wäre nicht recht, mich aus dem Staub zu machen, bevor ich das erledigt habe. Wenn du morgen kommst, will ich alles bereit haben."

Bei dieser langen Rede war es dem Tod schon quälend ungeduldig zumute geworden.

„Also gut", sagte er, „bring die paar Dinge zu Ende. Einen Tag will ich dir schenken." Damit wollte er weiter, aber die Alte hielt ihn zurück.

„Hör mal, in meinem hohen Alter bin ich schon ein wenig vergesslich geworden. Kannst du mir bitte aufschreiben, wann du kommst, bloß damit ich es nicht vergesse und auch beizeiten bereit stehe?"

Seufzend griff der Tod mit seiner hageren Hand nach einem Stück Kreide und schrieb mit sauberen, abgezirkelten Buchstaben an die Tür der Hütte: morgen.

Dann ging er seiner Wege.

Die Alte tat, wie sie jeden Tag zu tun pflegte.

Es wurde dunkel, es wurde hell.

Es klopfte an die Tür: „Bamm, bamm, bamm." Drei harte Schläge.

„Was willst du denn hier?", keifte die Alte, als sie dem Tod gegenüberstand.

„Werd nicht frech!", knurrte dieser und richtete sich zu übermenschlicher Größe auf. „Wir haben, wie du wissen solltest, vereinbart, dass du heute ohne Widerspruch mit mir mitgehst."

„Heute? Mein Lieber, du scheinst vergesslicher zu sein als ich. Aber zum Glück haben wir es ja schriftlich", und sie zeigte auf ihre Tür.

Der Knochenmann schaute, las und machte sich verlegen davon.

Es wurde dunkel, es wurde hell.

Als das Pochen an der Tür ertönte, ließ sich die Alte mit dem Öffnen Zeit.

„Nun", sprach sie dann, geduldig wie mit einem Kranken, „was willst du denn heute schon wieder? Ich habe dir doch gestern schon gesagt, dass du morgen kommen sollst."

Dagegen wusste der Tod nichts zu erwidern. Er gab es auf und ging seiner Wege.

So geschah es von nun an jeden Tag und wenn keiner der beiden genug davon bekommen hat, geschieht es so noch heute.

# Die Frau im Mond

aus Hawaii

Es war einmal eine Frau namens Heena. Heena war noch nicht wirklich alt, aber sie hatte für ihr Leben genug gearbeitet. Tag für Tag hatte sie von morgens bis abends für Haus und Garten ihre Hände und Füße geregt, sich gebückt und aufgerichtet, Lasten geschleppt und an alles Nötige gedacht. Immer öfter hielt sie im Arbeiten inne, war nur noch müde und sehnte sich nach Ruhe. Sie wollte nichts mehr hören und nichts mehr tun.

Eines Abends lag sie nach einem beschwerlichen Tag endlich im Bett. Da träumte sie, in ihrem Garten stünde ein Regenbogen, der wie eine Brücke in den Himmel führte.

Am nächsten Morgen trat sie vor die Tür und entdeckte das farbige Band in den Himmel, genau so, wie sie es im Traum gesehen hatte. Heena setzte einen und dann noch einen Fuß auf den Regenbogen.

„Geh über mein Blau hinauf!", hörte sie ihn sagen. Also folgte sie der blauen Spur und gelangte immer höher hinauf. Sie sah schon die Sonne vor sich und wollte sich in ihrer goldenen Wärme einhüllen, sich von ihr umarmen lassen.

Aber je weiter sie nach oben kam, desto heißer wurde es. Heenas Haare kräuselten sich vor Hitze. Bevor die Sonne sie noch mehr versengen konnte, setzte sie sich nieder, um über den Regenbogen, so schnell es ging, wieder zurück auf die Erde zu rutschen.

Unten stand schon ihr Mann und suchte sie. „He, du faule Frau, wo warst du die ganze Zeit? Die Arbeit ist nicht getan. Was gibt es zu essen? Schnell, nun mach schon! Ich habe Hunger!"

Heena sagte nichts und würdigte ihn keines Blickes. Sie ging geradewegs ins Haus und legte sich ins Bett, drehte das Gesicht zur Wand und schlief fest ein. Mitten in der Nacht erwachte sie, sie hatte wieder von dem Regenbogen geträumt. Diesmal jedoch hatte sie den Mond am Himmel

erblickt, der sie sanft, kühl und freundlich angesehen hatte. Heena trat in den nächtlichen, stillen Garten hinaus. Und wirklich, der Regenbogen war da.

Sie ging über das Blau des Regenbogens aufwärts. Da ertönte unter ihr ein Schreien und Schimpfen. Ihr Mann kam hinter ihr her und wollte sie packen, um sie zurück auf die Erde zu ziehen. Heena ging weiter, ihr Gesicht nur dem Mond zugewandt, und schleifte den Mann, der sich an sie klammerte, hinterher. Und weil sie so unbeirrbar weiterging, konnte er sie nicht mehr halten. Er glitt ab, packte aber noch im Fallen ihren Fuß. Dabei verletzte er sie, sodass sie nur noch hinkend vorwärts kam. Sie ging ungerührt weiter, den Blick nach oben gerichtet. Der Mann rutschte jammernd und schimpfend auf die Erde zurück.

Heena hingegen gelangte zum Mond, der genau so kühl und freundlich war, wie sie geträumt hatte. Hier fand sie eine Hängematte, seidenleicht und straff, in die sie sich schmiegte. Dort liegt sie seitdem, genießt die Stille und erholt sich von den Mühen auf Erden.

In klaren Nächten, wenn der Mond rund und voll ist, brauchen wir nur das, was wie Flecken auf seiner Oberfläche erscheint, genauer anzusehen, dann können wir Heena erkennen.

Sie wird aber nun nicht mehr so genannt. Das war lediglich ihr Name auf Erden. Seit sie dort oben wohnt, heißt sie „Lono Maka", die hinkende Alte im Mond. Lächelnd ruht sie in ihrer Hängematte und schaut gelassen zu uns herab.

# Der Meister der Teezeremonie

aus Japan

Es war einmal ein Meister der Teezeremonie, ein Mann von großer Weisheit und Vollkommenheit. Durch einen unglücklichen Zufall hatte er einen hochrangigen Samurai beleidigt und war von diesem zum Zweikampf auf Leben und Tod herausgefordert worden.

Der Meister der Teezeremonie liebte sein Leben und wollte es gerne noch behalten.

„Ich bin diesem Samurai im Kampf in keiner Weise gewachsen", überlegte er. „Aber wenn ich vor ihm fliehe, verliere ich meine Ehre. Ohne sie wäre mein Leben wertlos."

Er dachte hin und her, erwog diese und jene Möglichkeit, aber kein Lösungsweg schien ihm gangbar. Da stand er auf und ging zum örtlichen Zen-Meister, schilderte ihm seine Lage und fragte um guten Rat.

„Regle deine irdischen Dinge", sprach der Meister, „dann geh zum Kampf. Tritt in den Ring mit jener Selbstverständlichkeit, mit der du bei der Teezeremonie das heiße Wasser zu bereiten pflegst. Verneige dich vor deinem Gegner mit eben der Gelassenheit, mit der du bei der Teezeremonie die gerollten Blätter übergießt und zusiehst, wie sie sich entfalten. Nimm das Schwert mit der gleichen Ruhe, mit der du die Teeschale an die Lippen zu heben pflegst."

Der Meister der Teezeremonie dankte dem Zen-Meister und verneigte sich vor ihm. Er ging nach Hause, machte sein Testament, verabschiedete sich von seiner Familie und ging zum Zweikampf.

Mit derselben Selbstverständlichkeit, mit der er sonst zur Teezeremonie das heiße Wasser bereitete, trat er in den Ring. Er verneigte sich vor dem Samurai mit jener Gelassenheit, mit der er sonst das Wasser über die Teeblätter zu gießen pflegte. Wie die Teeschale zu den Lippen, so hob er das Schwert zum Kampf.

Der Samurai sah ihn all das tun. Er verneigte sich, legte sein Schwert nieder und ging seiner Wege.

# Tuo Lanka, der ewige Maler

aus China

Vor langer, langer, sehr, sehr langer Zeit lebte ein Meister der Porträtmalerei, Tuo Lanka mit Namen. Er malte Gesichter, so schön und berührend, dass einige seiner Bilder die Blicke der Betrachter fingen und festhielten, als wollten sie sie zu Gesprächen verlocken. Andere der von ihm gemalten Gesichter wirkten so in sich versunken, dass jene, die sie sahen, sich unwillkürlich ins Bild hineingezogen fühlten. Es war ihnen, als stiegen sie durch ein Fenster in den abgebildeten Ort ein.

Tuo Lanka malte Tag und Nacht. Er malte, als wäre diese Arbeit gleichsam seine Luft zum Atmen und als könnte er es ohne sie nicht lange aushalten. Er verließ sein Atelier nur, um in den Tempel zu gehen. Dort hielt er sich aber nicht auf, um zu beten, sondern um Menschen zu beobachten. Dann kehrte er zu seiner Arbeit zurück und schuf Bilder mit versonnenen, in Gedanken und Gefühlen versunkenen Antlitzen. Diese waren von fast porzellanener Schönheit.

Eines Tages klopfte es heftig an seine Tür. Er ging hin, ließ den Besucher ein und wendete sich wieder dem Porträt zu, das er gerade schuf. Da oft Käufer und Bewunderer seiner Kunst zu ihm kamen, hatte er sich angewöhnt, sich von ihnen nicht stören zu lassen, sondern sich ihnen dann zuzuwenden, wenn sein Schaffen von selbst eine Pause verlangte.

Dieser Besucher aber war von anderer Art als alle bisherigen. Er war es gewohnt, dass Menschen, die er aufsuchte, erbleichten, erschraken, um Schonung flehten und seiner Aufforderung allerlei Ausflüchte entgegenbrachten. Dass jemand ihn einließ und keine Notiz von ihm nahm, war ihm bisher noch nie passiert.

In seiner Verblüffung streifte er durch die Werkstatt, ließ die Bilder auf sich wirken und schaute dem Meister Tuo Lanka schließlich über die Schulter. Er hatte schon viele Gesichter gesehen, aber was hier aus der weißen Fläche in die Wirklichkeit wuchs, das berührte sogar ihn.

Benommen ging er aus der Werkstatt, von der Erde geradewegs zurück in den Himmel, trat vor den Kaiser des Himmels hin und beteuerte auf dessen Frage, wo denn der Maler bleibe, der herbefohlen sei: „Höchster Herr, ich konnte ihn Euch nicht bringen. Er war so sehr in sein Schaffen vertieft."

„Was bildest du dir ein!", erregte sich der Kaiser des Himmels. „Es scheint, dass du auf deine alten Tage tatterig und rührselig wirst. Bisher war ich immer mit dir zufrieden, aber jetzt muss ich mir wohl überlegen, mir einen anderen zu suchen, der deine Arbeit macht."

Der Tod wurde rot und blass in rascher Folge. Er machte sich eiligst wieder auf den Weg zum Atelier und weil er keiner war, der den gleichen Fehler zweimal beging, überlegte er sich unterwegs etwas Kluges.

Er schritt, sobald der Meister ihm, abwesend wie immer, die Tür geöffnet hatte, zielstrebig zwischen diesen und das entstehende Bild. Da konnte der Maler nicht anders, als ihn zu bemerken. Der Tod erklärte dem Künstler, der Kaiser des Himmels verlange nach ihm und sei keiner, den man warten lassen dürfe. Er solle seine Malsachen mitnehmen.

Tuo Lanka packte also seine Farben und Pinsel ein und machte sich auf den befohlenen Weg.

Huldvoll lächelte der Kaiser des Himmels, als der Meister, von seinem dürren Begleiter flankiert, vor ihm stand, denn er hatte inzwischen viel von dessen hoher Begabung zu hören bekommen. Er schickte ihn in jene Abteilung des Himmels, in dem die neuen Menschen gemacht werden. Hier setzte der Meister sein Schaffen fort. Und tut dies bis auf den heutigen Tag.

Er malt Gesichter, eines schönes als das andere. Wenn wir uns hier umsehen, werden wir leicht erkennen, wie genial er ist, denn unsere versammelte Schönheit stammt aus seinem Pinselstrich.

# Savitri und Satyavan

aus Indien

Väter und Töchter in aller Welt können einander herzlich vertraut sein und viel Freude aneinander haben. So war es einst mit einem König und seiner Tochter Savitri. Eines Tages sprach er zu ihr: „Es wird Zeit, dass du dir einen Gemahl suchst." Sie stimmte zu.

So ließ der König aus allen Ländern gemalte Bildnisse der Fürsten- und Königssöhne bringen und Savitri sah sie alle genau an. „Vater, es ist keiner dabei, der mein Herz berührt", sagte sie schließlich.

Da stattete der König Tross und Gefolge für seine Tochter aus. Mit Dienern und Dienerinnen, Köchin, Zofe und Wachen reiste sie von Königshof zu Königshof. Überall wurde sie in Pracht und Ehre empfangen. Feste wurden zu ihren Ehren veranstaltet. Musik, Theater und Tanz säumten ihre Wege, bis sie wieder zurückkehrte. „Da waren viele Begegnungen, schöne, tapfere und kluge Prinzen lernte ich kennen", sagte sie. „Doch ich traf keinen, der mein Herz berührte."

Der Vater hörte zu, nickte und stattete sie nochmals neu aus.

Dieses Mal trug sie ein Ledergewand, wie zur Jagd, und war mit wenigen ausgesuchten Begleitern unterwegs. Sie reiste in die Dörfer, zu den Bauernhöfen, auf die Wiesen und Felder, in die Wälder.

Wieder fand sie keinen, der ihr Herz berührte, und sie wollte schon zurück in das Schloss ihres Vaters reiten, da hörte sie im Wald ein Krachen und Schlagen. Neugierig folgte sie dem Geräusch und traf einen Jüngling, der Holz hackte. Die beiden kamen ins Gespräch und endlich spürte sie, was sie die ganze Zeit an den Fürstenhöfen, in den Dörfern, auf den Wiesen und Feldern und in den Wäldern vergebens gesucht hatte. Wenn sie mit diesem Jüngling sprach, durchfloss sie Wärme. Die Welt wurde heller als zuvor und ihr Herz hüpfte vor Freude.

„Satyavan", sagte er seinen Namen.

„Satyavan", wiederholte sie.

Sie erzählten einander, wer sie waren und wie sie lebten. So erfuhr Savitri, dass Satyavan mit seinen blinden Eltern in einer bescheidenen Hütte im Wald lebte, den ganzen Tag Holz hackte und verkaufte und sich daneben um seine Eltern kümmerte.

Savitri fragte ihn, ob er sie heiraten wolle. Er wurde darüber sehr verlegen, weil er meinte, ihr nicht ebenbürtig zu sein. Sie aber beharrte auf ihrem Wunsch.

Satyavan kam nach Hause, setzte sich zu seinen Eltern und schwieg.

„Was ist, Sohn?", fragte die Mutter. „Wie war dein Tag?"

„Ach, Mutter, ich arbeitete, wie immer. Da traf ich eine wunderschöne Frau, Savitri ist ihr Name. Wir lieben einander und möchten heiraten."

„Wie schön! Welche Freude!", riefen die Eltern.

„Aber", fuhr er fort, „sie ist eine Prinzessin und ich bin nur ein armer Holzfäller."

Da holte der Vater tief Luft, tastete nach seiner Gemahlin und sie nahm seine Hand.

„Erzähl es ihm", meinte sie.

„Du bist ein Prinz und daher Prinzessin Savitri durchaus ebenbürtig. Wir herrschten in unserer Heimat als König und Königin. Mein eigener Bruder stieß uns vom Thron und blendete uns, damit wir ihm nie wieder gefährlich werden konnten. Um deiner Sicherheit willen leben wir hier im Wald. Aber wenn Savitri und du einander liebt, wenn sie dich trotz deines Schicksals heiraten will, dann steht nichts zwischen euch."

Savitri war inzwischen in den Palast ihres Vaters zurückgekehrt und erzählte ihm freudig, sie habe endlich den gesuchten Liebsten gefunden.

„Tochter", fragte er, als er erfahren hatte, was für ein Leben Satyavan führte, „wirst du an einem so bescheidenen Ort denn leben können?"

„Vater", erwiderte Savitri gelassen, „ich war an den Königshöfen, habe Feste gefeiert, die feinsten Speisen gegessen und mit Prinzen getanzt. Ich weiß, dass es jetzt das Wichtigste für mich ist, bei Satyavan zu sein, dem Einzigen auf der Welt, der mein Herz berührt."

Der König nickte. „Geh noch zu unserem Hofastrologen", riet er. Und das tat Savitri.

Der Hofastrologe war alt und weise. Savitri kannte ihn gut und hatte oft guten Rat von ihm gehört. Nachdem sie ihm das Erlebte berichtet hatte, fragte sie: „Unter welchem Zeichen steht die Heirat, von der ich alles Glück der Welt erwarte?"

Der weise Alte schlug in Büchern nach, zeichnete und schrieb auf eine Tafel, wischte Worte und Linien weg, schrieb und zog sie neu. Dann schüttelte er betrübt den Kopf. „Savitri, wenn Ihr Satyavan heiratet, wird er im selben Moment sterben."

Sie hörte das und war fassungslos.

Wie konnte es sein, dass sie die ganze Welt absuchte, glücklich den einen Mann fand, der ihr bestimmt zu sein schien, und der Tod ihnen einfach so in die Quere kommen sollte? Welchen Sinn sollte das haben?

Sie hatte viel gelernt und gehört, aber so etwas war ihr zuvor noch nicht begegnet.

Was sollte sie nun tun?

Sie fragte den Weisen, ob es keine Möglichkeit gäbe, das Verhängnis abzuwenden.

Wieder las, schrieb und grübelte er. Schließlich antwortete er ihr:

„Wenn du nur die Früchte, Wurzeln und Beeren isst, die der Wald dir gibt, kann Satyavan ein Jahr mit dir leben, aber dann wird er sterben."

Savitri reiste zurück in den Wald, feierte in Freude Hochzeit mit Satyavan und lebte von dem, was der Wald ihr gab. Wenn ihre Schwiegereltern sie fragten, ob sie denn satt würde, und ihr andere Speisen anboten, lächelte sie: „Ich esse genau das, was mir schmeckt."

Als genau ein Jahr vergangen war, ging Satyavan wie jeden Tag in den Wald zum Holzfällen. Savitri begleitete ihn. Satyavan stieg bei der Arbeit auf einen Baum und stürzte viele Meter tief hart zu Boden. Da lag er unter dem Banyan-

Baum und regte sich nicht. Savitri war gleich bei ihm und bettete seinen Kopf in ihren Schoß. Da sah sie Yamraj, einen Todesdämon, auf einem Wasserbüffel heranreiten. Gleichzeitig stieg aus Satyavans Körper eine Gestalt aus Licht, die ihm sehr ähnlich sah, und ging zum Yamraj hinüber. Dieser packte Satyavans Seele, warf sie vor sich über den Rücken des Wasserbüffels und ritt mit ihr davon.

Savitri sprach rasch zum Banyan-Baum: „Behüte den Körper meines Liebsten gut. Ich zähle auf dich!" Sie nahm das Zweigerauschen des Baumes als Zustimmung, bettete Satyavans reglosen Körper unter den Baum und eilte hinter dem Yamraj her.

Als dieser seine Verfolgerin bemerkte, hielt er den Wasserbüffel an und drehte sich um. „Was willst du, Weib?", fuhr er sie an.

„Du hast meinen Mann bei dir. Gib ihn mir zurück!", forderte sie.

„Also gut, ich gewähre dir einen Wunsch, aber Satyavan darfst du nicht verlangen."

„Dann wünsche ich mir, dass meine Schwiegereltern ihr Augenlicht zurückbekommen."

„Gewährt!", knurrte der Yamraj. „Und jetzt lass mich in Ruhe." Er ritt wieder los.

Savitri jedoch verfolgte ihn weiterhin, magisch angezogen von der Seele ihres Liebsten. Nach einer Weile hielt der Yamraj den Wasserbüffel abermals an: „Was willst du noch, Weib? Dahin, wohin wir gehen, kannst du uns nicht folgen. Deine Zeit ist noch nicht gekommen." Er blickte grimmig auf die unnachgiebige Verfolgerin. „Also gut, ich erfülle dir noch einen Wunsch, aber Satyavan kannst du nicht bekommen."

„Gib Satyavans Eltern ihr Königreich zurück!", wünschte Savitri.

„Gewährt!", stieß der Yamraj hervor. „Und jetzt geh in deine Welt! Geh dahin, wo du hingehörst!" Er gab dem Wasserbüffel die Sporen.

Savitri zögerte, blickte hinter ihnen her, lauschte auf ihr Herz und rannte schneller als zuvor, um dem Yamraj auf den Fersen zu bleiben. Rot bis über die Ohren wandte der Yamraj sich um, kurz vor dem Fluss, und schmetterte: „Bleib zurück, Weib!"

Sie stand ihm gegenüber und sah ihn nur an.

„Also gut", stieß er hervor, „einen Wunsch hast du noch frei, aber nicht Satyavans Leben."

„Ich möchte viele gesunde Kinder gebären."

„Gewährt! Ihr sterblichen Weiber und eure Wünsche!", stöhnte er. „Und nun lass mich meine Arbeit machen."

Nach kurzem Ritt hielt er inne, denn Savitri war noch immer hinter ihm. Wortlos wendete er sich ihr zu. Aus seinen Augen fuhren Blitze.

„Du hast mich belogen!", beharrte Savitri. „Wenn du Satyavan, den einzigen Mann, mit dem ich sein kann, von mir nimmst, kann ich keine Kinder bekommen."

Da riss dem Yamraj der Geduldsfaden. Er warf Satyavans Seele von sich und brauste über den Fluss davon.

Savitri trug Satyavans Seele zurück zum Banyan-Baum und ließ sie wieder in seinen Körper gleiten. Wie Wasser floss die Lichtgestalt in den Leib Satyavans hinein und die Farbe kehrte auf seine Wangen zurück.

Savitri und Satyavan taten miteinander, was Liebende bei einem Wiedersehen tun. Dann machten sie sich auf den Weg nach Hause.

Was Satyavan dabei noch nicht wusste, war, welche Überraschungen ihn dort erwarteten.

Lebenswege

# Die eigene Farbe finden

aus Mazedonien

Vor langer, langer, sehr, sehr langer Zeit,
    da hatten die Dinge gerade ihre Farben bekommen:
    Die Erde war braun.
    Das Gras war grün,
    der Himmel blau
    und die Rose rot.

Nur einer, ein einziger, hatte keine Farbe abbekommen und war deshalb sehr betrübt. Dieser eine war der Schnee.

Als er lange genug traurig gewesen war, wandte er sich nach unten und sprach: „Grüß dich, liebe Erde. Weißt du, deine Farbe gefällt mir. Aber schau mich nur an. Ich bin ganz farblos. Während ihr anderen alle so schön geworden seid, bin ich leer ausgegangen. Gibst du mir etwas von deiner Farbe ab?"

Aber die Erde schlief und hörte ihn nicht.

Da rief der Schnee zum Himmel hinauf: „Guten Morgen, du Schöner! Du bist so reich und leuchtest wie ein Traum. Magst du mir etwas Farbe schenken? Ich werde dafür immer lieb an dich denken."

Er lauschte seinen Worten hinterher, erhielt aber keine Antwort, denn der Himmel war zu weit weg und hatte ihn nicht gehört.

„Hallo!", sagte der Schnee nun zum Gras. „Bitte gib mir etwas von deiner Farbe ab! Ich finde sie wunderschön."

Aber das Gras war geizig. „Wenn ich von meinem herrlichen Grün etwas hergebe, habe ich vielleicht für mich selbst nicht genug", dachte es und ließ ein schnippisches „Nein!" hören.

„Rose", säuselte der Schnee, „deine Farbe ist kräftig und schön. Du bist reich und edel. Schenke mir doch bitte etwas von deinem ganz besonderen Farbton." Hätte die Rose diesen Wunsch erfüllt, dann sähen unsere Winter ganz anders aus, als wir es gewohnt sind. Aber die Rose war hochmütig. Sie antwortete nicht, denn mit so einem farblosen Gesellen wollte sie nicht einmal ein Gespräch führen.

Der Schnee wurde noch trauriger als zuvor. Er weinte sogar. Aber dann machte er sich abermals auf den Weg. Er ging noch weiter in die Welt hinaus und schaute sich unter den Wesen um.

   Eines Tages sah er an einer Weggabelung eine kleine, unscheinbare Blume. Sie hielt den Kopf leicht geneigt, so als wäre sie in Gedanken versunken, als sänge sie leise für sich ein Lied oder als dächte sie sich ein Gedicht aus.

„Guten Tag", begrüßte der Schnee die Blume.

Die Blume blickte auf. „Danke und auch dir einen guten Tag!", antwortete sie.

„Würdest du mir bitte etwas von deiner Farbe abgeben?", fragte der Schnee, halb zögernd, halb hoffnungsvoll.

Und was sagte diese kleine Blume?

„Ja", antwortete sie mit heller, klarer Stimme. „Nimm dir, so viel du magst. Es ist sicher genug für uns beide da."

Seitdem hat der Schnee seine weiße Farbe.

Seitdem tut er dieser einen Blume nichts zu Leide.

Und seitdem heißt diese Blume: Schneeglöckchen.

# Die Kaiserin hat eine rote Nase

aus Griechenland

Es war einmal ein Kaiser, der reiste hin und her, kreuz und quer in der Welt umher und suchte eine geeignete Gemahlin für sich. Endlich, als er lange unterwegs gewesen war, gelangte er an einen Fürstenhof.

Da lebten drei Prinzessinnen.

Der Kaiser hielt um die Hand der jüngsten an.

„Das kommt nicht in Frage", protestierte die Fürstin, die Mutter der drei Prinzessinnen. „Zuerst sollen die beiden älteren verheiratet werden. Wählt von den beiden welche ihr wollt, und ihr werdet zufrieden sein. Die jüngste, mein Augenstern, bleibt noch bei mir und ehe sie so früh schon verheiratet würde, sollte sie lieber ins Kloster gehen."

Der junge Kaiser aber begehrte unbedingt die dritte Prinzessin und keine andere auf der Welt. Der Fürst, vor die Wahl gestellt, eines Kaisers Schwiegervater zu werden oder nicht zu werden, versuchte es mit seiner Gemahlin zunächst im Guten, redete auf sie ein, nannte Vernunft- und Herzensgründe, bat, flehte und bat wieder. Sie jedoch beharrte auf ihrer Forderung. Der Fürst, je mehr Gründe er hervorbrachte und je mehr Wendungen er ersann, um seine Gemahlin zu überzeugen, überzeugte dabei letztlich sich selbst. So regte er sich über ihren Starrsinn und ihre Unvernunft immer mehr auf, bis er dachte, er werde verrückt werden. Dann verfiel er ins Flehen und Jammern, aber auch das nützte nichts. Seine Gemahlin beharrte darauf, die älteren Töchter seien mit dem Heiraten dran, die jüngste aber frühestens danach.

Zu guter Letzt warf der Fürst alle Rücksicht über Bord. Er beschloss, der Sache ein Ende zu machen, und versprach dem kaiserlichen Gast genau die jüngste Prinzessin, die dieser so dringend begehrte, zur Frau. Er verschwieg der Fürstin seine Entscheidung und verbot allen Untergebenen unter fürchterlichen Drohungen, das Fest ihr gegenüber auch nur zu erwähnen.

Infolgedessen wurden die Hochzeitsvorbereitungen in Vorsicht getroffen und jeder, der damit zu tun hatte, hielt verstohlen inne, sobald die Fürstin in die Nähe kam. Viele Gewissen im Fürstenpalast waren in jener Zeit zum Zerreißen angespannt, denn in ihnen rang die Pflicht, der Herrin gegenüber offen, ehrlich und ehrerbietig zu sein, mit der Angst vor den Strafen, die der mächtige Fürst angedroht hatte.

Natürlich ahnte die Fürstin, dass etwas im Gange war. Denn es ist doch so, dass das Verschwiegene spürbar in der Luft liegt und immer fetter wird, während das Ausgesprochene sich rasch verdünnen und verfliegen kann. Die Fürstin war also beunruhigt und hellhörig. Sie rätselte und schlief schlecht, aber das Ausmaß des Verrates, der da in ihrem eigenen Hause vor sich ging, hätte sie sich nicht einmal träumen lassen.

Daher war sie am Tage der verheimlichten Hochzeit schon sehr gereizt, als sie zufällig den festlich geschmückten Saal betrat, wo die Feier in vollem Gange, die Heirat aber bereits vollzogen war.

Die Erkenntnis traf sie knallend wie eine Ohrfeige, und sie wurde fuchsteufelswild. „Ich verfluche euch alle", schrie sie die Festgesellschaft an, „die ihr diesem Unrecht nicht entgegengetreten seid! Und wenn du, junge Kaiserin, eine Tochter bekommst, dann soll sie eine rote Nase haben."

Was gesagt war, blieb gesagt, denn keiner, und hätte er es noch so sehr gewünscht, konnte es ungeschehen machen.

Nach den Feierlichkeiten reiste das junge Kaiserpaar in sein Reich, lebte dort und herrschte gut. Die Kaiserin wurde schwanger und gebar eine Tochter.

Als sie aber das Kindlein ansah, erschrak sie, denn diese kleine Prinzessin hatte eine rote Nase. Sie war so beeindruckend rot, dass es eine Freude gewesen wäre, wäre nur irgendjemand bereit gewesen, sich an diesem Wunder zu erfreuen.

Der Kaiser und die Kaiserin jedoch grübelten hin und her. Dann ließen sie einen Turm in einer unbewohnten Gegend errichten. Darin wuchs die Prinzessin auf, betreut von einer blinden Amme, einer blinden Dienerin, einer blinden Köchin und einer blinden Lehrerin.

Oft besuchten ihre Eltern sie, und als sie älter wurde, begann die Prinzessin, mit sieben Schleiern verhüllt, ihrerseits ihre Eltern zu besuchen.

Es sprach sich herum, es gäbe in jenem Land eine kaiserliche Prinzessin in heiratsfähigem Alter. Da kamen die Prinzen von nah und fern und hielten um ihre Hand an. Für jeden Freier wurde ein Festmahl gegeben und die Prinzessin saß, von sieben Schleiern verhüllt, auf einem Balkon im Festsaal, schaute hinab und beobachtete die Prinzen und Fürsten. Aber lange Zeit war keiner ihr recht. Bis endlich der Sohn des Kaisers von Rom auf dem Ehrenplatz saß. Er war hübsch, sah frisch und fröhlich aus, doch auch ernst genug, war gebildet und freundlich.

Die Prinzessin schickte einen Diener zu ihrem Vater und verlangte, mit diesem Prinzen vermählt zu werden.

„Nun", sagte der Sohn des Kaisers von Rom, aus diesem Grunde sei er ja gekommen. Nun möge er die Prinzessin von nahe sehen und kennen lernen, um zu erfahren, ob sie auch die Richtige für ihn sei.

Jaja, das sei gewiss verständlich, stimmte der Kaiser zu, es gebe aber nun eben eine alte Sitte in seiner Familie, dass die Prinzessinnen auf keinen Fall vor ihrer Heirat von irgendwem von Angesicht zu Angesicht gesehen werden dürften, das sei bedauerlich, aber alte Bräuche seien eben alte Bräuche, die dürfe man nicht einfach über Bord werfen.

„Wenn das so ist", meinte der Prinz, „bin ich bereit, sie unbesehen zu heiraten, denn eine so schöne Mutter", und er verneigte sich galant vor der Kaiserin, „wird wohl auch eine schöne Tochter haben."

Die Hochzeit wurde in Pracht und Herrlichkeit gefeiert. Als es aber ins Brautgemach ging, da lag die Prinzessin schon ausgekleidet im Stockfinsteren da.

Wie es scheint, war sie auch ohne Ansehen eine gute Wahl. Der Prinz war zufrieden und fügte sich. Er erlebte seine liebe Gemahlin bei Tag mit sieben Schleiern und bei Nacht mit allen anderen Sinnen als den Augen.

So lebten sie eine gute Weile glücklich am kaiserlichen Hofe.

Eines Tages jedoch kam ein Bote mit wichtiger Nachricht aus Rom: Der Kaiser, des Prinzen Vater, habe das Zeitliche gesegnet und sein Sohn solle sich schleunigst nach Rom begeben, um nun selbst als Kaiser zu herrschen.

Als alles zur Reise bereit war und das angehende Kaiserpaar sich auf den Weg nach Rom zur Krönung machen sollte, rief der Kaiser seinen Schwiegersohn zu sich und erklärte ihm: „Es mag dir aufgefallen sein, dass deine Gemahlin sich gerne verhüllt und ihr Gesicht deinen Augen bis jetzt verborgen blieb. Nun, du bist ein verständiger Mann und bald wirst du wie ich ein großes Reich in Weisheit regieren. Darum will ich ganz offen mit dir sein ...“ Er schluckte und atmete tief durch: „Meine Tochter, deine Gemahlin, hat eine sehr empfindliche Haut. Wäre sie dem Licht ausgesetzt, bekäme sie augenblicklich Runzeln und das willst du wohl auch nicht.“

Die beiden Kaiser nickten einander gewichtig zu. Sie nahmen herzlich Abschied und das junge Paar reiste den weiten Weg nach Rom. Dort rollte die Kutsche durch den Jubel des Volkes, wie ein edles Schiff bei lebhaftem Wind durch ein Meer gleitet.

Doch die Gesichter der erwartungsvollen Küchenmädchen, Hausfrauen, Handwerker und Kinder, Großmütter und Mönche, Jungfrauen und Familienväter wurden immer länger, denn keiner und keine erblickte das sehnlich erwartete Antlitz der jungen Kaiserin.

Die Krönung fand statt.

Der frischgebackene Kaiser hatte alle Hände voll zu tun.

Für seine Kaiserin wurde eine Dienerin gesucht. Da sich aber keine Blinde fand, wurde eine Sehende angestellt. Diese musste schwören, bei ihrem Leben, ihrer Gesundheit und allen, was ihr heilig war, dass sie, wenn ihr an der Kaiserin etwas Ungewöhnliches auffiele, niemandem, aber auch gar niemandem, etwas davon erzählen werde. Erstaunlich genug: Das tat sie.

Und, was noch erstaunlicher war: Sie hielt ihren Schwur getreulich.

Als sie zum ersten Mal der Kaiserin beim Baden half, da erschrak sie freilich, denn so etwas wie diese Nase hatte sie ihr Lebtag noch nicht gesehen. Aber sie gewöhnte sich daran.

Nur eines war seltsam: Früher war die Dienerin eine lebensfrohe, lustige, freundliche Person gewesen, immer zum Plaudern und Scherzen aufgelegt, mit einem guten Wort für jeden, der es brauchte. Jetzt wurde sie menschenscheu, ängstlich, verstohlen. Ging sie durch die Flure des Palastes, so verbarg sie sich in jedem Schatten und Winkel. Wurde sie angesprochen, so zuckte sie zusammen, senkte den Blick, schien in sich selbst hineinzukriechen, stammelte und stotterte unverständliche Entschuldigungen. Sie floh die Gesellschaft ihrer besten Freunde und Freundinnen und magerte ab. Ihre Hautfarbe wurde so fahl, wie sie vorher rosig gewesen war. Jeder Frage über ihr Befinden wich sie aus.

Eines Morgens, bevor der Tag erwachte, schlich sie schlaflos umher, geriet in den Schlosspark und fand darin keine Menschenseele. Sie gelangte schließlich zum großen Teich, der sich, von Schilf gesäumt, vor ihr ausbreitete. In der Ferne verschwand seine Oberfläche im Morgennebel. Da stand die Dienerin und ließ ihren Blick übers Wasser gleiten.

Verzweifelte Worte brachen aus ihr hervor: „Die Kaiserin hat eine rote Nase!!!" Sie schluchzte: „Die Kaiserin hat eine rote Nase!"

Sie wiederholte diese Worte ein ums andere Mal, bis ihre Stimme ruhiger und leiser wurde, ins Flüstern und dann in Fröhlichkeit überging und zuletzt in kullerndem Lachen über das Wasser flog: „Die Kaiserin hat eine rote Nase."

„Na und?", sagte sie endlich zu sich. Dann ging sie beschwingten Schrittes durch den stillen Schlosspark, der vom Morgenlicht vergoldet war, hinüber zum Schloss.

Dort tat sie ihre Arbeit wie jeden Tag, aber auf einmal war alles anders: Ihr Appetit war zurückgekehrt und auch ihre alte vertrauliche Fröhlichkeit. Sie kam wieder zu Kräften.

„Wie schön, dass du wieder du selber bist", lächelten ihre Freunde und Bekannten. „Aber sag, was war denn los mit dir? Du warst ja nur noch ein Schatten deiner selbst."

„Ach", sagte sie dann leichthin, „vielleicht war es eine Grippe oder so etwas. Hauptsache, es ist vorbei und es geht mir wieder gut."

Die Worte der Dienerin, von keinem Menschenohr gehört, waren indessen über das Wasser geflogen und hatten sich am Ufer zwischen den hohen Schilfhalmen verfangen.

Als ein Jahr vergangen war, kam ein Schafhirte an diesem Teich vorbei, sah das wunderschöne, kräftige Schilf, schnitt ein Rohr davon ab und schnitzte eine Schalmei daraus. Voll Freude spielte er auf seinem neuen Instrument, ließ die Töne fließen, hinauf und hinab. Und wer schon einmal einen Hirten die Schalmei hat spielen hören, kann sich den Wohlklang vorstellen. Der Hirte jedenfalls hatte seine Freude daran und seine Schafe und sein Schäferhund nahmen die Melodien mit Gleichmut hin.

Je mehr das Musizieren aber in Fluss kam, desto seltsamer kam es dem Hirten vor, denn in den Klängen meinte er immer deutlicher Worte zu hören und endlich zu verstehen: „Die Kaiserin hat eine rote Nase." Ihm kam das sonderbar und komisch vor.

Vergnügt trieb er, immerfort auf der Schalmei spielend, seine Herde mitten durch die Stadt. Wer dieses Lied hörte, rannte herbei, lauschte, staunte, lachte, rannte fort, um andere zu holen. Bald war alles, was Ohren und Beine hatte, zusammengelaufen.

Das Lachen floss durch die Stadt, brauste auf und schlug immer höhere Wellen. Es war zu hören bis hinauf in den Palast. Der Kaiser wunderte sich und schickte seinen Diener hinunter in die Stadt. „Erkunde, was da vorgeht unter dem Volk!", befahl er ihm.

Verlegen kam der Diener bald darauf zurück. „Majestät", brachte er hervor, „da ist ein Hirte, der spielt ein gar seltsames Lied auf seiner Schalmei, darüber sind die Leute so erregt."

Der Hirte wurde augenblicklich vor den Kaiser befohlen und kam.

„Spiel auf der Schalmei", befahl der Kaiser und der Hirte folgte dem Befehl.

Nach der ersten Strophe war der Kaiser blass und nach der zweiten rot. Nach der dritten war er sehr, sehr ruhig und winkte seinen Wachen.

Der Hirte sah, was es geschlagen hatte. „Majestät", rief er, „ich kann nichts für das Lied. Die Schalmei spielt es von ganz allein! Bitte, versucht es nur selbst."

Und wirklich, als der Kaiser in das Mundstück blies, erklangen dieselben schrecklichen Worte: „Die Kaiserin hat eine rote Nase! Die Kaiserin ..."

Da brach der Kaiser das Schilfrohr über seinem Bein in viele kleine Stücke.

„Du kannst gehen. Verlass mein Land und spiele nie wieder Schalmei. Wage ja nicht, mir jemals wieder mit einem solchen Lied unter die Augen zu kommen."

Er ließ dem Hirten ein Goldstück geben, und es heißt, dieser habe den Befehl des Kaisers befolgt.

Der Kaiser begab sich ins Gemach der Kaiserin, trat vor sie hin und hob, ohne ein Wort zu sagen, erst einen, dann den zweiten, dann den dritten Schleier von ihrem Gesicht. Er ließ sich nicht schrecken, als schon nach dem ersten Schleier ein Schimmer des roten Leuchtens zu sehen war, der sich stetig verstärkte. Er lüftete Schleier um Schleier. Er hielt nicht inne, bis er die Nase seiner Gemahlin in voller Leuchtkraft vor sich hatte.

Er erzählte ihr die ganze Geschichte, die wir schon zuvor vernommen haben. Er erzählte vom Hirten, der Schalmei und ihrem peinlichen Lied.

Der Kaiser und seine Gemahlin seufzten: „Wie stehen wir vor dem Volk nur da? Es braucht ein Kaiserpaar, das es respektieren kann. Wie sieht das aus, eine Kaiserin mit einer roten Nase! Ach."

Sie küssten einander und fassten einen Beschluss. „Vielleicht vergessen die Leute diese ungute Geschichte, wenn wir die Nase gut genug verstecken. Aus den Augen, aus dem Sinn", meinten sie.

Sie zogen heimlich, bei Nacht und Nebel, in einen Turm, der draußen vor der Stadtmauer lag. Dort lebten sie in völliger Abgeschiedenheit. Täglich ging der Kaiser durch eine heimliche Pforte in der Stadtmauer hinüber zum Palast, erledigte seine Regierungsgeschäfte und kehrte dann in die Einöde zu seiner Gemahlin zurück.

Ein Gutes hatte der traurige Zustand, denn mitten im Kummer wuchs ein Pflänzchen der Freude hervor: Die Kaiserin wurde guter Hoffnung und schenkte einem Sohn das Leben, einem bezaubernden Prinzen, der war, wie ein Kaiserpaar ihn sich nur wünschen kann.

Als der Kaiser eines Tages wieder einmal durch die Pforte in der Stadtmauer ging, da hörte er ein seltsam vertrautes Geräusch, ein Wimmern und Winseln.

Er folgte dem Klang und fand im Grau des Nebels ein Kind, noch ganz klein, das in ärmliche Lumpen gewickelt war und schrie, wie es ein Kaiserkind nicht anders tut.

Der Kaiser nahm das kleine, hilflose Wesen behutsam auf, schaute sich um, ob es denn wirklich ganz verwaist und verlassen sei, und als sich keine Menschenseele zeigte, trug der Kaiser das Waisenkind zu seiner Familie in den Turm und dachte, es solle seinem Sohn als Spielgefährte dienen und mit ihm heranwachsen.

Er brachte das Kindchen zur Kaiserin in den Turm. Sie stillte es, wie sie es mit ihren Sohn tat, und sie badete es. „Dir macht es wohl nichts aus, wie ich aussehe, junge Dame!"

Und wirklich, der Spielkamerad für den Prinzen war ein kleines Mädchen. Sie wuchs und gedieh, lachte und schrie, wie es jeder Säugling tut.

Nur eines war seltsam. Jedes Mal, wenn die Kaiserin das kleine Mädchen stillte, wurde ihre eigene Nase einen Hauch weniger rot. Sie verfolgte die Veränderung, schaute von nun an täglich in den Spiegel. Und eines Tages, nachdem ihr Gemahl gerade aus dem Palast und von seinen Regierungsgeschäften zurückgekehrt war, sah er sie vor dem Spiegel stehen, ganz ohne die Schleier, die sie aus alter Gewohnheit immer wieder getragen hatte. Wie staunte er, als er in ihr Gesicht schaute und ihre Nase sah aus wie jede andere. Sie leuchtete weder rot noch sonst wie. Sie wirkte ganz normal, als wäre sie ihr Lebtag so gewesen.

Da begann der Kaiser zu lachen und die Kaiserin und ihre beiden Kinder lachten mit. Immer lauter und fröhlicher wurde das Lachen. Es schallte bald bis hinunter in die Stadt.

Das Volk lief auf der Straße zusammen, lauschte und staunte. Die Leute steckten die Köpfe zusammen, tuschelten und murmelten: „Hört ihr unsere Kaiserfamilie? Sie waren ja schon lange sonderbar, aber jetzt sind die Armen ganz übergeschnappt. Eine traurige Geschichte. Was soll jetzt nur aus uns werden?"

Der Kaiser und die Kaiserin hatten inzwischen ihre Kinder auf die Arme genommen, waren aus dem Turm hinaus in die Stadt hinunter spaziert. Sie gingen durch das große Stadttor und mitten durch die Hauptstraße, leichten Schrittes, froh und majestätisch. Sie schauten freundlich umher und winkten.

Wo sie hinkamen, verstummte das gedrückte Gemurmel und Jubel wurde laut. Nur ein Schlosserbub schrie, weil er das für komisch hielt: „Die Kaiserin hat eine rote Nase!"

Aber es war ja ganz offensichtlich, dass die Kaiserin ganz und gar schön, und kein bisschen rotnasig war. Deshalb schubsten die Nächststehenden den Schlosserbuben und rieten ihm, die Augen aufzumachen, auf denen er wohl Tomaten hätte.

So wanderte die kaiserliche Familie hinüber in den Palast. Dort lebten und regierten sie von nun an glücklich. Sie zeigten sich oft und gerne dem Volk. Und stets hatten sie für Wünsche und Kummer ein offenes Ohr, denn sie wussten, wie weh Sorgen tun können und wie kostbar es ist, wenn einer sie vertreiben hilft.

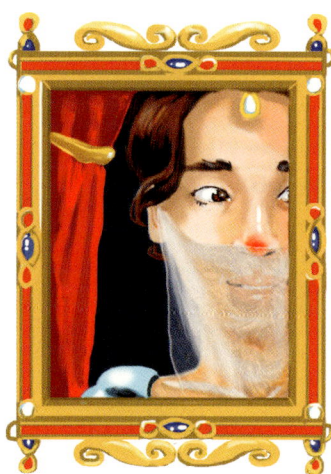

# Der faule Lars

aus Dänemark

**Es war einmal eine Mutter,** die hatte einen Sohn, der schon groß war.

Sie liebte ihn, wie Mütter von Söhnen es zu tun pflegen.

Er war recht klug. Er war hübsch genug. Er war freundlich. Nur mit dem Arbeiten hatte er, wie man so sagt, „nicht viel am Hut". Stattdessen hatte er seinen alten, speckigen Lieblingshut stets bei sich. Ihn pflegte er tief in die Stirn zu ziehen, sich vors Haus zu setzen, den Bauch in die Sonne zu strecken und sich auszuruhen. Und darin war er wirklich ausdauernd. So kam es, dass er weithin als „der faule Lars" bekannt war.

Seine Mutter war, bei aller Liebe, oft ungeduldig mit ihm und drängte ihn, etwas Nützliches zu tun. Sie wusste eben nicht, wie wichtig es ist, dass jemand die Löcher in die Luft schaut.

„Lars", sagte sie also eines Tages, „geh hinunter zum Fluss und hole mir einen Eimer Wasser".

„Ja, liebe Mutter", antwortete er, „wenn ich dann mag."

Und wirklich, kaum dass ein paar Stunden vergangen waren, sah man Lars mit dem Eimer hinunter zum Fluss gehen. Dort angekommen, ließ er sich erleichtert auf der rauen Waschbank nieder, auf der seine Mutter sonst mit Mühe und Waschbrett zugange war.

„Jetzt sollte ich wohl eine Pause machen!", fand er und ließ ein wenig Zeit vergehen. Dann senkte er den Eimer in die Fluten. Er wartete eine gehörige Weile, bevor er ihn wieder empor zog. Und siehe da: Ein riesiger Fisch hatte sich darin gefangen.

„Wirf mich wieder zurück in den Fluss!", rief der Fisch und zappelte. „Du sollst dafür drei Wünsche frei haben!"

Sei es aus Bequemlichkeit oder aus Rücksichtnahme, Lars ließ den Fisch, der seiner Mutter als Abendessen sicher willkommen gewesen wäre, zurück ins Wasser gleiten.

Er hievte den vollen Eimer vor sich auf die Waschbank. Und wie er so dasaß, schoss ihm der Gedanke durch den Kopf: „Hätte ich einen Wunsch zu tun und so viel Mühen hinter mir, wie gerade jetzt, dann wäre es eine gute Sache, wenn diese Waschbank nicht nur Beine, sondern auch Füße hätte, damit sie sich regen und bewegen und mich überall hin tragen könnte, wohin ich eben gerade will."

Und wie er gedacht hatte, so geschah es: Die Waschbank räkelte sich, streckte die Beine, als habe sie allzu lang geschlafen, und fiel endlich in ein gemächliches Schritttempo, gerade richtig, um das Wasser im Eimer nicht allzu sehr schwappen zu lassen. So schickte sie sich an, den faulen Lars mitsamt seinem Wassereimer nach Hause zu tragen.

Lars für seinen Teil wäre sicher den leichten, bequemen, flachen und kurzen Weg nach Hause gegangen. Aber – wer so etwas schon erlebt hat, kann es bestätigen – wenn eine Waschbank zum ersten Mal in ihrem Dasein zum Leben erwacht, herumläuft und Befehle befolgt, dann kann es leicht vorkommen, dass sie Dinge tut, die ein wenig anders sind, als der Auftraggeber sie sich vorgestellt hat. Die Waschbank kam in Fahrt, trabte den weiteren, steileren Weg entlang. Und dieser Weg führte am königlichen Palast vorbei.

Die Prinzessin saß gerade auf ihrem Balkon und blickte hinab. Da sah sie einen jungen Mann mit einem alten, speckigen Hut, der auf einer Waschbank ritt, als ob sie eine Ziege wäre. Die Prinzessin lachte laut und anhaltend. Lars ärgerte sich. Er war zwar faul, aber ausgelacht werden wollte er nicht.

„Ich wünsche dir ein Kind in den Bauch", sagte er leise, blickte die Prinzessin von ferne an und nickte ihr zu. Dann ritt er nach Hause und lebte mit seiner wandelnden Waschbank von nun an ein noch geruhsameres Leben als bisher.

Die Prinzessin staunte, als sie nach und nach immer runder wurde und nach neun Monaten einen bezaubernden kleinen Prinzen gebar. Da konnte der König flehen und schimpfen wie er wollte. Sie blieb dabei, sie sei mit keinem Mann zusammen gewesen und wisse nicht, wie das Kind in ihren Bauch gekommen sei.

Ein Enkelkind, einen kleinen zukünftigen Thronfolger zu haben, das war dem König zwar nur recht, aber nicht zu wissen, wer dessen Vater sei, das ertrug er nicht. So ließ der König, als sein Enkelsohn drei Jahre alt war, alle Männer des Landes, von hoher und niedriger Geburt, zu sich befehlen. Sie mussten sich in einer Reihe aufstellen.

Der kleine Prinz bekam einen Apfel in die Hand und den Auftrag, die Reihe abzuschreiten. Der König war überzeugt, der Kleine werde seinem Vater den Apfel geben. Ungerührt schritt der Sohn der Prinzessin an der Reihe entlang. Den Apfel behielt er.

„Hat es irgendein Mann in meinem Land gewagt, meiner Aufforderung nicht Folge zu leisten?", fragte der König seine Getreuen. Da wurde ihm berichtet, ein einziger Mann im Reich habe es gewagt, zu Hause zu bleiben, aber der sei so faul, dass er unmöglich mit der Prinzessin ...

Weiter hörte der König nicht zu. Schon hatte er eine Kutsche herbeibefohlen, die er mit seiner Tochter und seinem Enkelsohn bestieg. Als sie bei der Hütte anlangten, in der Lars und seine Mutter wohnten, saß Lars gerade wie üblich vor der Türe auf seiner Waschbank und hielt den Bauch in die Sonne.

Die Kutsche hielt. Der kleine Prinz sprang hinaus, rannte zum faulen Lars hin und legte ihm den Apfel in den Schoß. „Papa", sagte er.

Als der König sah, wen sein Enkel da gefunden hatte, überkam ihn schreckliche Wut.

Mit einer Tochter, die ihre königliche Würde an einen solchen verkommenen Nichtsnutz wegwerfe, so schrie der König, wolle er nichts, aber auch gar nichts mehr zu tun haben. Unsanft beförderte er sie aus der Kutsche. „Du bist aus meinem Reich verbannt!", verkündete er. „Wenn du in drei Tagen noch innerhalb der Landesgrenzen angetroffen wirst, dann kostet es dich das Leben!"

Dann gab er dem Kutscher Befehl zum Abfahren. Die Prinzessin, von den Geschehnissen überrascht, ließ sich neben Lars auf die Waschbank sinken. Langsam dämmerte ihr, dass sie diesen Burschen vor langer Zeit schon einmal gesehen hatte.

„Denkt nicht zu viel nach, Prinzessin", sagte Lars. „Jedenfalls müsst ihr schleunigst außer Landes."

Er hob seinen Sohn zu sich auf die Waschbank, gab der Waschbank den Befehl zum Aufbruch und da ritten sie alle drei.

„Sag mir, Bursche", meinte die Prinzessin, während die Waschbank dahin rannte, „wir beide wissen, dass zwischen uns nichts vorgefallen ist, wodurch ein Kind normalerweise in einen Bauch kommt. Wie hast du das gemacht?"

„Nun", erklärte Lars, „weil ich einem Fisch die Freiheit wiedergab, hatte ich drei Wünsche frei. Mit dem ersten wünschte ich, diese Waschbank solle laufen und mich tragen können, wohin ich will. Mit dem zweiten wünschte ich das Kind in deinen Bauch, denn ausgelacht werden mag ich nicht."

Die Prinzessin hatte eine gute Ausbildung genossen. Sie hatte Sprachen und Algebra und Arithmetik, Philosophie, Geschichte und Physik gelernt, das Benehmen bei Hofe studiert, hatte im Tanzen und Singen Unterricht erhalten und, was das Gute an ihr war, bei alledem hatte sie den Überblick behalten und einiges begriffen, das im Leben wirklich nützlich ist. Sie konnte also rechnen und tat es auch.

„Was hast du mit dem dritten Wunsch getan?", fragte sie.

„Ach, mir dazu etwas zu überlegen, war mir bisher zu beschwerlich", antwortete Lars.

„Halt an!", rief die Prinzessin. Und sobald die Waschbank still stand, nahm die Prinzessin den alten, speckigen Hut von Lars' Kopf, griff auf den Boden und füllte den Hut mit einer großen Menge kleiner Steinchen, die dort herumlagen.

„Jetzt wünsche dir so viele Wünsche, wie Steinchen in diesem Hut sind", verlangte sie.

Und Lars tat das.

Sie ritten außer Landes und sobald sie einen schönen Fleck Erde gefunden hatten, stiegen sie von der Waschbank ab. An diesem Ort wünschten sie sich einen Palast mit schönem Park, mit Brunnen, mit Wiesen und mit einem Teich. Sie wünschten sich Diener und Dienerinnen, Wandteppiche, Möbel,

Bilder, Bücher, schönes Geschirr und alles, was ein königlicher Hausstand braucht.

Hier lebten sie nun vornehm und glücklich zu dritt. Die Zeit verging. Das Märchen will es nicht anders und die Wirklichkeit stimmt ihm zu.

Eines Tages kam eine Jagdgesellschaft in den Palast, ein König, der sich verirrt hatte, samt seiner Gefolgschaft. Sie wurden gastlich aufgenommen.

Als die Prinzessin ihren Vater sah, erkannte sie ihn sofort, denn er sah nur etwas älter und vergrämter aus als bei ihrem abrupten Abschied. Er hingegen bemerkte nicht, dass er seine eigene Tochter vor sich hatte, was nicht so erstaunlich ist, wie es im ersten Moment klingt. Die Prinzessin war in ihre neue Rolle als Regentin, Mutter und Gemahlin hineingewachsen. Sie war dabei erblüht, hatte das Unrecht, das ihr geschehen war, verdaut und war in gewissem Sinne wirklich „eine andere geworden".

Als die Gäste und ihre Gastgeber zu Abend aßen, da war der Tisch in Pracht und Herrlichkeit gedeckt. Es wurde gespeist, geredet, gelacht. Es fehlte an nichts und der alte König fühlte sich wohl.

Da rief die Prinzessin auf einmal: „Was ist geschehen? Wo ist unser goldenes Besteck hin?"

Alle im Saal verstummten und die Suche nach den Kostbarkeiten begann. Die Prinzessin verlangte, dass alle Anwesenden durchsucht werden müssten. Da mochte der König sich wehren und weigern wie er wollte, zuletzt wurde auch ihm in die Taschen gegriffen.

„Oh!", entfuhr es da allen, die es sahen, denn ausgerechnet aus des Königs Taschen kamen die goldenen Messer, Gabeln und Löffel zum Vorschein. Fassungslos beteuerte er seine Unschuld.

Als die Peinlichkeit lange genug gedauert hatte, erhob sich die Prinzessin.

„König", sagte sie, „da seht Ihr, wie verblüffend es ist, wenn Dinge nur durch Wünschen an einen Ort geraten, an dem keiner sie erwartet hätte."

Sie trat auf ihren Vater zu.

„Eben so leicht, wie durch Wünschen das goldene Besteck in deine unschuldigen Taschen gelangte, ist vor Jahren durch Wünschen dein liebes

Enkelkind in den unschuldigen Bauch einer Prinzessin hinein gekommen."

Da endlich begriff der König. Er erkannte seine lang vermisste Tochter. Er weinte und lachte und leistete Abbitte, dass ihm damals sein eigen Fleisch und Blut nicht lieber gewesen waren als seine Vornehmheit.

Er umarmte seine Tochter und seinen Enkel, ja, sogar seinen Schwieger- sohn, der inzwischen ein feiner Herr geworden war.

Dann lebten sie alle noch lange glücklich und in Freuden. Sie besuchten und bewirteten einander oft.

Als der alte König starb, da wurden der ehemals faule Lars und seine Prinzessin selber König und Königin, regierten lange und gut, ja, wenn es sehr gut geht, sogar bis auf den heutigen Tag.

Reisen wir doch gleich hin und schauen wir nach, ob sie uns heute als Gäste empfangen!

# Wie der Drache Siebenklau ein Häppchen zu viel bekam

deutsches Kunstmärchen

Es war einmal, es war keinmal, damals, vor langer, langer, gar nicht langer Zeit, als es die Zeit noch nicht gab, da herrschte im fernen und großen chinesischen Kaiserreich ein Kaiser, der war schon siebentausendsiebenhundertsiebenundsiebzig Jahre und sieben Monate alt.

Friedliche Zeiten waren das im märchenhaften chinesischen Reich. Das größte Fest des Jahres war des Kaisers Geburtstag. An diesem Tag gab es Reiswein, Pflaumenwein und Tee, so viel man wollte und keiner brauchte selber zu kochen, denn in den Straßen der Hauptstadt waren Tische mit köstlichen Speisen aufgebaut. Tagsüber fand ein großer Wettbewerb im Drachensteigenlassen statt. Wessen Drache dabei am höchsten und längsten flog, der durfte am Abend beim Laternenumzug vor dem großen papierenen Lindwurm einher tanzen, den viele Fackeln von innen her erleuchteten und der von hundert Menschen auf den Schultern getragen wurde.

Das schönste aber war das Feuerwerk. Zum Geburtstag des Kaisers gab es das wunderbarste Feuerwerk, das man sich nur denken kann: Da sprangen am Himmel leuchtende Blüten auf, Raupen verpuppten sich und wurden zu Schmetterlingen, die von Blüte zu Blüte taumelten, oder ein ganzer Eisenbahnzug aus Funkenschauern fuhr auf strahlenden Schienen über den Himmel und ließ mit Geschenken beladene Feen und Zauberer aus- und einsteigen.

Das ganze Jahr freuten sich alle Bewohner des Reiches auf diesen Feiertag. Alle? Nicht ganz. Zwei von ihnen hassten das festliche Geschehen. Einer davon war der Drache Fing Fang Fong, das bedeutet in der Mundart jenes Ortes „Siebenklau". So hieß der Drache, weil ihm sieben neue Klauen nachwuchsen, sobald ihm eine Klaue im Kampf abgehauen wurde. Im Übrigen war er ein richtiger, echter, wilder, feuerspeiender Drache, boshaft, eigensüchtig und uralt. Er sah jedes Jahr das Geburtstagsfeuerwerk, hielt es für das Werk eines anderen Drachen und ärgerte sich unbändig, dass er dafür nicht um Erlaubnis gefragt worden war.

Eines Tages nun entdeckten die Gelehrten im kaiserlichen Palast, dass der Tag, an dem seit jeher die große Geburtstagsfeier stattgefunden hatte, falsch berechnet worden war. Als sie den Kaiser fragten, wann er denn nun genau geboren worden sei, erklärte dieser, seit seinem siebentausendsten Jahr habe sein Gedächtnis sehr nachgelassen und er wisse den Tag selbst nicht genau. Schließlich lösten sie ihr großes Problem, indem sie bestimmten, von nun an solle im chinesischen Großreich Tag für Tag gefeiert werden.

Dem Volk war das recht, denn von nun an musste keiner mehr Hunger oder Durst leiden.

Dem Kaiser war es recht, denn mit jedem Lebensjahr war ihm ein wenig Strenge und Ernst abhanden gekommen, bis er zu diesem Zeitpunkt nur noch wünschte, alle Untertanen glücklich zu sehen.

Den Ministern war es recht, weil sie stolz waren, ein großes Problem so zufriedenstellend gelöst zu haben.

Und den Schulkindern war es besonders recht, weil sie seit jeher an Kaisers Geburtstag schulfrei hatten.

Dem Drachen Fing Fang Fong jedoch war es nicht recht. War er bisher nur einmal im Jahr einen Abend lang über die Narreteien des vermeintlichen anderen Drachen empört gewesen, dann aber in einer Nacht guten Schlafes über seinen Groll wieder hinweggekommen, so folgte nun einem Feuerwerksabend ein zweiter und diesem ein dritter. Von Nacht zu Nacht ärgerte sich der Drache Siebenklau mehr und schlief weniger. Der Verdruss ließ ihn auch tagsüber nicht mehr zur Ruhe kommen. Er grübelte und grämte sich. Seine Galle floss über. Da vergaß er, dass er eigentlich nur seine Ruhe haben wollte, erhob sich ächzend, setzte sich in einen schwerfälligen Drachentrab und wanderte den weiten, weiten Weg bis zur Hauptstadt.

Sobald er auf dem Hügel hinter dem Stadttor angekommen war, bezog er Posten, um das Geschehen mit Überblick beobachten zu können.

Auf den ersten Blick musste er widerstrebend eingestehen, dass die Feuerspeierei nicht übel gelungen war.

Auf den zweiten Blick erkannte er, dass diese nicht dem Atem eines Drachen entsprang, sondern dass es sich um ein von Menschen gemachtes Feuerwerk handelte.

Und der dritte Blick offenbarte ihm, dass der Lindwurm, der sich so entwürdigend von Zweibeinern herumschleppen ließ, nicht lebendig, sondern aus Papier gemacht war.

Da wurde der Drache Siebenklau wütend: „Den ganzen weiten Weg habe ich umsonst gemacht", grollte er. „Nun will ich mich wenigstens etwas ausruhen, bevor ich heimgehe."

Dass Fing Fang Fong mit dem Fest unzufrieden war, kann man also wirklich sagen.


Aber es hieß, *zwei* Bewohner Chinas seien damit nicht einverstanden gewesen. Wer also war der zweite?

Das war des Kaisers eigene Tochter.

Trotz des hohen Alters des Kaisers hatte das chinesische Reich eine bezaubernde, blutjunge Prinzessin. Sie stand jeden Abend am Fenster und schaute auf die feiernde Menge hinab.

„Es ist ungerecht! Warum darf ich nicht dort unten sein? Immer sagen sie mir: ‚Gebt Acht, Majestät! Euch könnte etwas zustoßen dort unten. In dem Getümmel können wir Euch nicht beschützen! Schaut Euch das Feuerwerk von hier aus an. Einen besseren Platz als dieses Fenster gibt es dafür nicht.' Ich bin diesen goldenen Käfig leid! Ich will, ich will, ich will nicht nur am Fenster stehen. Alle Menschen der Stadt, alle Kinder, alle Frauen, alle Männer dürfen dabei sein und ich bin die Einzige, die es nicht darf! Das ist ungerecht! Dabei ist es doch der Geburtstag meines Vaters, der gefeiert wird, und nicht der von irgendjemand anderem. Es ist so ungerecht!"

Als keine Antwort kam, sah sie sich um. Die Hofdamen waren gerade alle damit beschäftigt, den Laternenzug aus dem anderen Fenster zu betrachten. Schnell entschlossen rannte die Prinzessin zur Tür, schlüpfte hinaus auf den Gang, drückte sich, wenn jemand vorüber kam, in Winkel und Ecken, verbarg sich hinter einem Vorhang und schaffte es unbemerkt bis hinaus auf die Straße.

Im Lärm und Getümmel der feiernden Menge fühlte sie sich zuerst wie betäubt. Da drang auf einmal eine freundliche Stimme zu ihr.

„Grüß dich, Mädchen, hast du denn keinen Lampion?", fragte sie ein junger Bursche. „Da, ich schenke dir meinen."

Erst erschrak sie vor der wilden Fratze, die auf den erleuchteten Papierlampion gemalt war, den der Bursche ihr hinhielt. Wie hatten die Hofdamen gesagt: „Wenn Ihr einen solchen Lampion in die Hände nähmt, würdet Ihr wohl gleich in Flammen aufgehen, nehmt Euch in Acht! Gut, dass Ihr ohne uns nirgendwo hin geht!"

Die Prinzessin fasste sich ein Herz und griff nach dem Lampion. „Ich danke dir", sagte sie und wollte gerade einen Weg zum Lampionzug suchen, da ertönten Fanfaren und laute Rufe: „Die Prinzessin ist entführt worden! Sucht die Prinzessin von China!"

Wer vorher noch getanzt, gelacht und geplaudert hatte, bekam jetzt einen bekümmerten Gesichtsausdruck. Rundum begannen die Menschen herumzuschauen, zu rätseln und besorgt über die vermisste Prinzessin zu reden.

„Das ist gemein!", sagte die Prinzessin zu sich und rannte in Richtung Stadttor davon. „Einmal habe ich endlich meinen Spaß und feiere, wie es jeder normale Mensch im Reich tut, und schon wollen sie mich wieder einfangen und in Watte packen. Das mache ich nicht mit. Ich nicht!"

In einem unbeobachteten Moment eilte sie durchs Tor hinaus. Das konnte wirklich nur ihr passieren, denn jeder andere Stadtbewohner wusste, dass es im Wald gefährlich war. Von klein auf hatten die Menschen gehört, dass es dort Räuber und Geister und allerlei Gefahren der Wildnis gab. Aber der Prinzessin hatte man so schlimme Sachen lieber nicht erzählt, damit sie nicht zu Tode erschräke. Man ging sowieso davon aus, dass sie immer von Hofdamen und Wachen umgeben und wohl beschützt sein würde.

So geschah es, dass die Prinzessin aus dem Stadttor hinaus und dem Drachen Siebenklau direkt in die Krallen lief. Instinktiv packte er zu.

„Ah", rief er erfreut, „soll meine Mühe doch nicht vergebens gewesen sein? Da kommt ja ein süßes Menschlein zu mir, eine kleine Köchin. Komm mit in meine behagliche Höhle, da findest du Geschirr und alles, was du brauchst, um mich zu verwöhnen. Dann können wir ein nettes Leben miteinander führen."

„Nein! Nein! Nein!", rief die Prinzessin. „Du isst ja wohl mehr, als der ganze Hofstaat zusammen!"

„Wie, bist du etwa vom Hofe?"

„Ich bin die Prinzessin von China! Und wenn du mich nicht augenblicklich freigibst, wird mein Vater, der Kaiser, sein Heer ausschicken und dich vernichten lassen."

„Sieh da, sieh da, das kaiserliche Heer, das sind doch wohl diese schmackhaften Leutchen ... Von denen hat mir vor langer Zeit mein Urgroßvater erzählt. Wenn er Prinzessinnen geraubt hatte, dann kamen Menschlein auf Pferden daher. Pferde und Reiter steckten in knusprigen Schalen. Ach, mein Urgroßvater hat nicht genug davon schwärmen können, wie köstlich diese Krusten beim Knacken zwischen den Zähnen knirschten. Und die Zahnstocher brachten die Kerle auch zum Festmahl mit, vorzüglich. Ich hätte nicht zu träumen gewagt, dass ich das selbst noch erleben darf."

„Ich warne dich!" rief die Prinzessin. „Da!" Sie hielt ihm den Lampion mit der schrecklichen Fratze entgegen.

„Wie niedlich", schnurrte der Drache. „Ja, liebes Kind, ein hübsches Spielzeug hast du da, das können wir vor meine Höhle hängen, zur Zierde. Das wird sicher gemütlich aussehen. Und nun lass uns aufbrechen! Ich kann es gar nicht erwarten."

Indessen wurde die Prinzessin überall gesucht. Als es hell wurde und man innerhalb der Stadtmauern bereits jeden Stein umgedreht hatte, begann man, auch draußen nach Spuren zu fahnden. Die ganze Bevölkerung beteiligte sich daran. Dem jungen Burschen, mit dem die Gesuchte zuletzt gesprochen hatte, war nun klar geworden, wem er des Nachts begegnet war, und genau er fand einen zarten seidenen Schuh neben einem siebenklauigen Fußabdruck. Da wusste bald das ganze Land Bescheid.

Der Kaiser stattete seine besten Ritter aus und schickte sie mit Lanzen, Fahnen und gerüsteten Pferden in den Stadtwald zum Drachenkampf.

Aber keiner von ihnen kehrte zurück.

Trauer und Verzweiflung machten sich breit.

Die Zeit schien dem Kaiser und seinem Volk endlos zu werden, so wie es jenen vorkommt, die Hoffnung und Lebensmut verloren haben.

Eines Tages klopfte es ans Tor des kaiserlichen Palastes. Ein Mann aus Persien verlangte, zum Kaiser vorgelassen zu werden. Zwar hätte keiner ihn dem Ansehen nach für einen Helden gehalten, er jedoch ließ keinen Zweifel daran, dass er einer sei. Lautstark verkündete er: „Ich bin Arrimatz, der Wildemänner-Seeschlangen-und-Piratenvertilger. Gibt es Heldentaten zu verrichten, dann wendet euch an mich!"

Der Kaiser, als er einen kleinen Kerl mit riesigem Turban vor sich sah, glaubte zuerst, eines anderen Stimme vernommen zu haben, aber Arrimatz richtete sich nach den vorgeschriebenen sieben Verneigungen auf und sprach: „Ehrwürdiger Kaiser von China, zu mir drang die Kunde, eure Tochter, die edle Prinzessin von China, sei von einem Herrn Fing Fang Fong entführt worden. Entführungen fallen in meine Zuständigkeit als Held. Ich werde hingehen und sie euch zurückbringen."

„Weißt du denn", fragte der Kaiser, der zum ersten Mal seit Verlust seiner Tochter schmunzelte, „dass dieser ‚Herr Fing Fang Fong' ein feuerspeiender Drache ist, dem statt jeder abgehauenen Klaue sieben neue nachwachsen – der Drache Siebenklau?"

Arrimatz schluckte. „Das ist mir allerdings neu, Majestät. Einige Feinheiten eurer Sprache sind mir noch nicht vertraut. Aber das macht nichts. Jetzt weiß ich ja Bescheid. Ich werde ihm also keine Klauen abhauen."

Der alte Kaiser nickte. „Nun, wenn du dir wirklich zutraust, die Prinzessin zu befreien, dann versuche es, und wenn du es tatsächlich vollbringst, dann sollst du reich belohnt werden. Lass dich in meiner Schatzkammer mit

Rüstung, Waffen und allem, was du brauchst, versehen. Wähle ein edles Pferd und gehe mit meinem Segen."

„Ach, danke schön", lehnte Arrimatz höflich ab, „wenn ich mit all dem silbernen Gerümpel auszöge, würde ich am Ende noch unterwegs von Räubern mit allem Drum und Dran geklaut. Ich brauche nichts weiter als einen Eimer und einen Besen. Damit werde ich diesen langfingrigen Feuerspeier löschen und das Land ein für alle Mal von der Drachenplage reinigen."

Fassungslos blickte der Kaiser hinter dem Helden her, der sich ohne ein weiteres Wort verneigte und seiner Wege ging.

Arrimatz bekam, was er verlangt hatte, und schritt unverzüglich, von bewundernden und mitleidigen Blicken begleitet, durchs Stadttor in den finstern Wald hinein. Nachdem er lange und weit in die angegebene Richtung gewandert war, fragte er sich, wie es weitergehen solle. Da gelangte er auf eine Lichtung und erblickte dort am anderen Waldrand einen kleinen Mann, angetan mit dem traditionellen spitzen Hut und dem weiten Mantel eines berufsmäßigen Zauberers. Arrimatz rannte quer über die Lichtung. Seine persischen Pantoffeln flogen in weitem Bogen.

„He", keuchte Arrimatz, „könnt ihr mir den Weg weisen zur Höhle des Drachen Siebenklau, der die Prinzessin von China geklaut hat?"

„Ah", nickte der Zauberer, „das fügt sich wieder einmal, wie es sich fügen soll. Das Schicksal hat gute Arbeit geleistet, dass es dich zu mir führte. Ich bin es der Prinzessin sowieso schuldig, etwas zu ihrer Befreiung beizutragen. In Gestalt einer Kröte war ich im Wald unterwegs, da hatte sie mich am Bein gepackt und hätte mich ums Haar zu Drachenfutter verarbeitet. Ich versprach ihr die Erfüllung eines Wunsches, wenn sie mich freiließe. Da sagte sie gleich, sie wolle zurück in den Palast und fort vom Drachen. Sie setzte mich wirklich behutsam an den Wegrand. ‚Wenn du nicht so unglaublich eklig aussähst', sagte sie, ‚würde ich dich zum Dank küssen', und dabei weinte sie. Nun, da ist also die willkommene Gelegenheit, zu meinem Wort zu stehen. Mit bloßem Wegzeigen ist dir jedoch nicht genutzt. Ich habe in einem meiner weisen Bücher das einzig wahre Rezept, den Drachen Fing Fang Fong zu besiegen. Allerdings, eine Hand wäscht die andere, wie man so sagt ... Ich sehe, du hast klugerweise Eimer und Besen dabei. Wie wäre es, wenn du dich ein wenig nützlich machst, derweil ich das Buch heraussuche. Ich habe für den Haushalt keine Zeit und der Staub, der sich hier überall niedergelassen hat, wird langsam hinderlich. Reinige du mein Haus, dann will ich dir sagen, wie du den Drachen besiegen kannst."

Arrimatz verhandelte nicht lange. Er schleppte Wasser vom Brunnen herbei, schrubbte und wischte, kippte die Schubladen aus und ordnete neu, was er fand, putzte und legte alles schön zurecht. Als er fertig war, kam der Zauberer aus seiner Bücherkammer und blickte wohlgefällig auf die blinkende Sauberkeit.

„Nun pass gut auf!", forderte der Zauberer, während Arrimatz Eimer und Besen beiseitelegte. „Merke dir diesen Spruch: Hokus Pokus Fidibus, Besen, Schmutz, Schuhputz." Arrimatz wiederholte diese Worte. Dann gab ihm der Zauberer eine kleine Bürste und ein Döschen. Der Held öffnete es, um zu schnuppern. „Schuhpaste!", rief er überrascht.

Der Zauberer nickte. Sorgfältig erklärte er seinem Gast einiges, das wir jetzt noch nicht zu wissen brauchen. Am nächsten Morgen machte sich Arrimatz, mit weisen Ratschlägen wohl versehen, auf den Weg zur Höhle des Drachen.

Aber was helfen weise Ratschläge? Trotz aller Weisheit und trotz seiner eigenen Tapferkeit lief dem Helden das kalte Schütteln über den Rücken, als er die massige Gestalt vor sich sah. Das wird verstehen, wer schon einmal einem echten Drachen leibhaftig gegenübergestanden ist.

Arrimatz, jeden Zoll ein Held, richtete sich zu seiner vollen, wahren Größe auf. „Guten Morgen!"

„Es ist Mittag", stellte der Drache fest, während ein feuriger Spuckefaden aus seinem Mundwinkel lief. „Du kommst mir gelegen, kleiner Mann. Bald wird die Prinzessin mein Mittagessen servieren und du kannst ein wohlschmeckender Zwischenhappen werden, nach der Suppe zum Beispiel. Lass dich mal ansehen."

„Dir soll der Appetit vergehen", meinte Arrimatz energisch. „Du lässt sofort die Prinzessin von China frei!"

„Oho", spottete der Drache, „und wenn ich das nicht will?"

„Hokuspokus fidibus ...", begann Arrimatz ohne weiteres Federlesen seinen gelernten Spruch.

„Nein, neinnein!", flehte der Drache, dem es auf einmal sonderbar zumute wurde. „Ich gebe dir die Prinzessin."

Doch Arrimatz fuhr unerbittlich fort: „Besen, Schmutz ..."

„Hör auf!", flehte der Drache. „Was willst du denn noch? Wähle aus meinen Schätzen, was du tragen kannst, aber halt ein!"

Ein Wort hatte der Held noch in Reserve und sprach es ohne Zögern aus: „Schuhputz."

Da geschah es. Der Drache Siebenklau fiel in einen tiefen, tiefen Schlaf, der genau eine halbe Stunde dauern sollte. So hatte der Zauberer es Arrimatz zuvor erklärt.

Die Prinzessin lugte aus der Höhle, schlüpfte hinter einen großen Stein und beobachtete von dort aus das Geschehen. Arrimatz machte sich ans Werk. Er strich und bürstete und verteilte die Schuhcreme über jeden Millimeter der Drachenhaut. Jedes Fleckchen müsse bedeckt sein, so hatte es der Zauberer ihm eingeschärft. „Genau dreißig Minuten hast du Zeit dafür, keinen Augenblick mehr und keinen weniger!"

Schon schnaufte der Drache, zuckte mit den Augenlidern und kleine Feuergarben zischten zwischen seinen Zähnen hervor, schon regte er die Glieder und schlug mit dem Schweif, wie es Katzen und Drachen vor dem Erwachen tun.

Gerade noch konnte Arrimatz, von der Prinzessin gezogen, Zuflucht hinter dem Stein suchen, da öffnete der Drache seine Augen, verdrehte sie sogleich, schnüffelte umher, bekam seine Schwanzspitze vor die Lippen und leckte verzückt daran.

Es ist nämlich so, dass, wie nur noch der Zauberer auf der Waldlichtung wusste, Drachen nichts köstlicher und verlockender finden, als den Duft und das Aroma frischer schwarzer Schuhpaste. Solltest auch du es vergessen haben, dann danke dem Zufall, dass diese Geschichte dich daran erinnert.

Der Drache Fing Fang Fong also schleckte und schmatzte die Köstlichkeit vom eigenen Schwanz. Weil aber die Schuhpaste ihm so sehr mundete und er verschlafen war und überdies die Erwartung des Mittagessens ihn gierig gemacht hatte, leckte er nicht nur an der Schwanzspitze, sondern biss beiläufig auch hinein, knabberte und schmatzte und fraß und schluckte Bissen für Bissen seinen eigenen Schwanz, dann sein linkes Hinterbein, dann sein rechtes Hinterbein, hielt kurz inne, um sich die Lippen zu schlecken, weil er sich selbst gar so vorzüglich mundete. Danach fraß er sich weiter, verspeiste seinen Bauch, den Rücken, die Vorderbeine, den Hals und den Kopf, bis nur noch seine zwei schrecklichen Hauzähne dalagen, von denen er voll Wohlgefallen auch noch das Zahnfleisch säuberlich abgenagt hatte.

Arrimatz sprang hervor, klemmte die Drachenhauer unter seinen linken Arm und reichte der Prinzessin galant seinen rechten. Dann schritten die beiden den weiten Weg durch den finsteren Wald bis in die Hauptstadt.

Jubel erschallte, als sie durch das Stadttor traten, durch die Straßen und Gassen zum Palast spazierten und die Stufen hinauf schritten, dem eilig herbeigeholten Kaiser entgegen, der vor Freude mindestens tausend Jahre jünger zu werden schien.

Als die erste Aufregung sich gelegt hatte, wurde Arrimatz gefragt, wie ihm das alles denn gelungen sei.

„Ach", sagte er, rieb sich sein bartloses Kinn und tätschelte die Drachenhauer. „Ich habe dem Drachen erst seine beiden Hauzähne ausgerissen. Wär's nicht so, dann könntet ihr sie nicht hier vor euch sehen ... Dann packte ich ihn am Schwanz, schleuderte ihn herum, bis ich genug Schwung beisammen hatte und ließ ihn genau im richtigen Augenblick los. Ja, auf den richtigen Moment kommt es einfach an. Ordentlich weit ist er geflogen. Er wird wohl jenseits der chinesischen Mauer gelandet sein. Wenn ihr ihn unbedingt kennen lernen wollt, werdet ihr so weit reisen müssen."

Und er zwinkerte der Prinzessin zu, die sich ein Lachen hoheitsvoll verkniff.

Es kam der Tag, da wollte Arrimatz zu neuen Heldentaten aufbrechen. Er hatte sich genug in Ruhm und Wohlbehagen gesonnt und reichlich Applaus für die Erzählung seiner Heldentaten bekommen.

„Was?", rief der Kaiser. „Aber nein, schon lange sehne ich mich danach, abzudanken und meine Tage in Frieden zu beenden. Wolltest du als mein Schwiegersohn mit meiner lieben Tochter regieren und neuer chinesischer Kaiser sein, dann wäre alles gut."

„Heiraten soll ich?", fragte Arrimatz gedehnt. „Aber das kann ich nicht. Ich bin Junggeselle."

„Dann ist es ja gut, genau dann kannst du heiraten und du wirst die hohe Ehre nicht ausschlagen", kam der erste Minister dem Kaiser zu Hilfe.

„Ja, es ist gut, darin gebe ich Euch vollends Recht, Euer Ehren", sprach Arrimatz diplomatisch, „aber was den anderen Punkt betrifft, muss ich Euch widersprechen: Ich kann unmöglich zum Ehemann werden, denn ich bin ein Held und ein Reisender. Für eine Gemahlin und die Kaiserwürde ist in meinem Leben und bei meinem Beruf kein Platz ... und überhaupt ... heiraten würde ich nur eine Frau, die wirklich gut kochen kann. Das ist eben so. Das habe ich mir geschworen."

Dass Arrimatz dabei immer verlegener wurde, beobachtete nur eine, die Prinzessin.

Sie versicherte lachend: „Lieber Held, wenn du nicht heiraten kannst, so sollst du deinen Willen bekommen und deiner Wege gehen. Das Regieren schaffe ich auch alleine. Wegen des Kochens allerdings: keine Sorge - kochen kann ich. Der Drache hielt mich für die beste Köchin der Welt. Du glaubst gar nicht, was alles im Wald zu finden ist, das man kochen kann." Die Anwesenden versuchten, die Zeichen ihres Grauens zu verbergen. Arrimatz, der Held, schaute flehend umher. Da der Augenblick günstig war, verabschiedete er sich flink und ging seiner Wege, fort zu neuen Abenteuern.

Die Prinzessin von China allerdings, die nach den bestandenen Abenteuern vor nichts mehr zurückschrak, trat die Thronfolge an und regierte so, dass ihre Untertanen ihr bald ein ebenso langes Leben wünschten, wie es ihrem Vater beschieden war.

Eines Tages beschloss sie, sich zu verehelichen. Sie ließ im ganzen Reich verkünden, wer ein Menu verspeisen könne, das sie, die Kaiserin von China, eigenhändig gekocht habe, der habe Aussicht auf ihre Hand und den Platz neben ihr auf dem Thron.

Wen überrascht es, dass sie sich mit dieser Bedingung die Auswahl von vornherein erleichterte?

Die Geschichte von der Prinzessin und dem Drachen bis hin zu ihren Kochkünsten war wieder und wieder im ganzen Reich erzählt worden, so wie ihr sie eben gehört habt, und auf allerlei andere Weise.

So geschah es, dass zum Mahl, das die Kaiserin von China eigenhändig gekocht hatte, bei aller Liebe des Volkes zu seiner Herrscherin, nur genau einer kam.

Wer? Natürlich jener junge Bursche, der ihr, ohne zu wissen, wer sie war, damals zu Beginn der Geschichte, beim großen Festzug seinen Lampion geschenkt hatte.

Er speiste, beherzt in Wort und Tat, mit der Kaiserin das Drachenmahl. Er löffelte die Hirschhornkäfersuppe bis zum letzten Schluck. Er lobte das Sorbet von Vogelbeeren. Er aß vier große Krötenknödel mit Glühwurmsauce, schrak auch vor den gehackten Eichkatzenpfötchen nicht zurück, nahm sich von den Spinnenbeinnudeln nach, genoss das Raupensoufflé in Schneckenschleim, reichlich mit knusprigen Rindenmaden bestreut. Und als es gemütlich wurde und die Kaiserin zum Nachtisch Kaulquappenpudding mit Kaffee aus gerösteten Marienkäferflügeln anbot, da waren sie einander schon so nahe gekommen, wie es nur Menschen möglich ist, die eine ungewöhnliche Vorliebe miteinander teilen.

Da lassen wir sie nun in ihrem Glück und werden selbst noch glücklicher!

# Vom Zigeuner, der Goldamsel und dem fürchterlichen Drachen

Romamärchen

**Es war einmal ein Zigeuner,** der lebte in einem Dorf. Er fühlte sich dort aber nie so richtig wohl, denn sowohl die Sesshaftigkeit als auch die Sesshaften blieben ihm fremd.

Wenn er traurig war, zog es ihn in den Wald. Dort wanderte er umher, mühte sich durch das Unterholz und überwand unwegsame Stellen. Die Äste und Blätter, die ihn streiften, erschienen ihm wie liebkosende Arme.

Eines Tages war er so traurig, dass er weiter denn jemals bisher in den Wald eindrang. Als es dämmerte, gelangte er auf eine Lichtung. Gefällte Bäume lagen herum und er setzte sich auf einen großen, alten Stamm. Trostlose Gedanken suchten ihn heim. „Ich bin wie ein gefällter Baum. Meine Eltern, meine Verwandten sind tot. Geschwister habe ich nicht. Und meinen eigenen Samen habe ich auch noch nicht ausgestreut, weil ich keinen Boden fand, dem ich ihn hätte anvertrauen können."

Da tauchte auf einmal der Mond zwischen den Baumwipfeln auf. Er war fast voll. Sein Strahl ergoss sich auf die Lichtung und ließ ein fein geformtes Spinnennetz silbern erstrahlen.

Der Zigeuner erinnerte sich an ein Lied, das er von seiner Mutter vor langer Zeit gehört hatte:

*Es sang vor langen Jahren*
*wohl auch die Nachtigall.*
*Sie sang so klar und rein,*
*da wir beisammen waren.*
*Ich sing und kann nicht weinen*
*und spinne so allein den Faden klar und rein*
*so lang der Mond mag scheinen.*

Als er das Lied sang, erklang aus dem Wald eine helle Vogelstimme, gerade so, als wollte sie ihm antworten. Wie im Traum stand er auf und folgte dem Lockruf weiter in den Wald hinein, bis er eine Goldamsel auf einem Zweig sitzen sah. Ihr nach oben gerichteter Schnabel glänzte im Mondlicht. Da schien es dem Jüngling, als lägen Worte im Gesang.

„Lausche meinem Lied!", verstand er. „Und wenn es am schönsten ist, nimm und schüttle mich mit dem Schnabel nach unten. Was du bekommst, das bewahre gut und lasse dir davon den Weg zeigen."

Er ergriff den Vogel, der – wie sonderbar! – in seiner Hand weiter sang, und als der Jüngling dachte, er müsse vor Rührung und Glück zerspringen, weil der Gesang so schön war, da schüttelte er den Vogel. Ein goldenes Kügelchen fiel aus seinem Schnabel in die aufgehaltene rechte Hand. Der Zigeuner ließ es sorgfältig in die Brusttasche seines Hemdes gleiten.

Die Goldamsel lag nun leblos da, wie ein Federbündel. Er bettete sie behutsam auf weiches Moos in eine Baumhöhle. Dann ging er querwaldein, bis er zu einem Weg kam, dem er bis zu einer Straße folgte. Auf dieser wanderte er bis in eine Stadt.

Und hier geschah ihm etwas Sonderbares: Wenn ihm Menschen begegneten, war ihm auf einmal, als könnte er in ihre Köpfe schauen. Er konnte ihre Gedanken lesen, wenngleich er geschriebene Worte nie hatte lesen können.

Er fand einen Greis, der freundlicher als die anderen wirkte, kam mit ihm ins Gespräch und fragte ihn: „Warum sind die Menschen in dieser Stadt so traurig und verzweifelt?"

„Du musst von weither stammen, wenn du das nicht weißt!", antwortete der Alte. „Auf dem Felsen vor unserer Stadt haust ein Drache, der jeden Samstag eine Jungfrau von uns verlangt. Dreißig hat er schon bekommen. Und wenn wir ihm nicht geben, was er fordert, legt er die ganze Stadt in Schutt und Asche. Letzte Woche brachten wir dem Drachen des Königs Tochter. Und das war die letzte Jungfrau in unserer Stadt."

„Hat denn nie jemand versucht, den Drachen zu besiegen?", fragte der Jüngling. Der Alte wiegte bedauernd den Kopf: „Neunundzwanzig tapfere Jünglinge zogen gegen ihn in den Kampf und keiner von ihnen ist zurückgekehrt. Der König hat bekannt geben lassen, dass er jeden Kämpfer, der auszieht, um die Prinzessin und ihre Leidensgefährtinnen – sofern sie überhaupt noch am Leben sind – zu retten, reich belohnen wird."

Der Zigeuner dankte dem Alten und machte sich auf den Weg zum königlichen Palast.

Als der Jüngling den Wachen sagte, er wolle gegen den Drachen kämpfen, wurde er augenblicklich vorgelassen.

Im Thronsaal trat er in salziges Wasser, das bis zu seinen Fußknöcheln reichte. Das waren die Tränen, die der König um seine Tochter geweint hatte. Und die weiteren Tränen, die unentwegt aus seinen Augen tropften, schlugen Blasen auf der Oberfläche der bereits geflossenen.

„Herr, ich möchte gehen, gegen den Drachen kämpfen und Eure Tochter befreien", verkündete der Jüngling.

„Tu das", sagte der König, „wenn du es vermagst. Ich wünsche dir, dass du mit dem Leben davonkommst."

„Ach, mein Leben ist sowieso nichts wert", antwortete der Jüngling. „Wenn ich sterbe, gibt es niemand, der mich beweinen wird."

Der König blickte ihn nachdenklich an.

„Haushofmeister", befahl er dann, „sorge dafür, dass dieser Kämpfer alles bekommt, was ihm helfen kann, den Drachen zu besiegen."

„Ich brauche nichts", dankte der Zigeuner, „außer guten Gedanken, die meinen Weg begleiten."

Vor der Stadt ragte ein hoher, schroffer Fels in die Höhe. Darauf thronte ein Geflecht aus Eisenstangen, das rund war wie ein Nest. Und darin saß der Drache, schrecklich anzusehen.

„Du Ungeheuer!", rief der Jüngling, nachdem er den Fels erklettert hatte. „Lass sofort die Prinzessin und die anderen Jungfrauen frei!"

„Wenn du das willst", antwortete der Drache, „musst du mich im Wettstreit besiegen."

„Gut!", erwiderte der Zigeuner verwegen. „Du darfst anfangen."

„Nein, fang du an!", rief der Drache, „Zeig mir, wie fest du pusten kannst und ob du mein Haus damit zerstören kannst." Dabei lachte er schallend.

„Das wäre allzu schade", spottete der Jüngling, „nachdem du dir so viel Mühe mit dem Nestchen gemacht hast. Außerdem, denk doch nach, worin könntest du dich verkriechen, um dich nach dem verlorenen Kampf zu trösten?"

Der Drache blies eine verärgerte Feuergarbe aus. „Dir werde ich es zeigen!", rief er, ergriff einen riesigen Felsbrocken und warf ihn hoch in die Luft. Als der Fels auf den Boden krachte, schlug er eine tiefe Grube in den Boden und die Erde bebte.

„Nun mach es besser!", dröhnte der Drache.

„Dein Wurf war ganz nett", meinte der Zigeuner, „aber ich gebe mich nicht mit solch schmutzigen Steinchen wie deinen ab. Hast du nicht einen Edelstein, zumindest einen Halbedelstein, von der dreifachen oder zumindest der doppelten Größe?"

Der Drache schüttelte den Kopf, schaute verlegen drein, erholte sich aber bald wieder und trumpfte auf: „Ich zeige dir etwas, das sollst du mir mal nachmachen", verkündete er.

Er führte den Jüngling zu einer weiten Ebene und streute Stechapfelsamen in die Weite. Da erhoben sich gerüstete Krieger aus dem Boden, ein ganzes, wohl bewaffnetes Heer. Sie stürmten gegen den Drachen. Er aber vernichtete sie einen nach dem anderen. Beachtlich waren seine Kraft und sein Kampfgeschick.

„Ja", meinte der Jüngling, „was du mir da zeigst, ist ganz nett, aber mit solchen Kunststückchen möchte ich meine Zeit nicht verschwenden." Und er erzählte: „Es ist nicht lange her, da hatte ich den Mond zum Schachspiel zu Besuch. Alle hundert Drachenkönige belagerten mich und wollten uns am Spiel hindern. Ich weiß nicht, was sie sich dabei dachten, aber es dauerte kürzer als der Mond zum Entscheiden über seinen nächsten Zug brauchte, da hatte ich sie schon alle in die Flucht geschlagen. Das soll mir erst mal einer nachmachen."

Da dachte der Drache bei sich: „Wenn dieser Kerl nur halb so viel kann, wie er behauptet, dann vermag er mehr als ein gewöhnlicher Drache, wie ich einer bin. Ein Glück, dass er mein Geheimnis nicht kennt. Wenn er irgendetwas kann, das ich nicht kann, verliere ich all meine Kraft. Aber noch ist Hoffnung", überlegte er sich. „Er weiß ja nichts davon. Ich werde freundlich tun und ihn zum Essen und Übernachten einladen. Und wenn er dann tief eingeschlafen ist, überwältige ich ihn."

„Schäm dich!", rief der Zigeuner, „wenn du mich durch Betrug besiegen willst, wird es dir nicht gelingen. Und übrigens: Ich kenne dein Geheimnis. Und ich vermag etwas, das du nicht kannst."

Da wurde der Drache weiß wie ein Leichentuch.

„Er kann zaubern!", dachte er. „Das ist mein Ende." Auf einmal wirkte er schwach und hilflos.

Als der Zigeuner das sah, packte er seinen kraftlosen Gegner kurzerhand am Schwanz und warf ihn in die nahe Schlucht hinunter.

Da stiegen aus der Tiefe Rauch und Nebel auf. Als diese sich lichteten, traten neunundzwanzig junge Frauen hervor, eben jene, die dem Drachen ausgeliefert und seitdem vermisst worden waren.

Froh begrüßten sie ihren Retter und machten sich mit ihm auf den Weg nach Hause. Unterwegs erzählten sie ihm, der Drache hätte sie in verschiedene Vögel verwandelt und in Käfigen gefangen gehalten.

„Ich war ein Rotkehlchen", rief die eine.

„Ich eine Meise", die nächste und so fort.

„Und", fragte der Zigeuner endlich, „wer von euch ist die Prinzessin?"

„Sie war eine Goldamsel", erzählte eine kräftig gebaute junge Frau, die ein Eichelhäher gewesen war. „Sie war die einzige, der es gelang, aus dem Käfig zu entkommen. Sie wollte Hilfe holen, aber wir wissen nicht, was aus ihr geworden ist."

Die befreiten Frauen kehrten in die Stadt zurück. Der Zigeuner, der den Drachen besiegt hatte, war nun überall beliebt und willkommen. Die Familien der Geretteten freuten sich und dankten ihm. Aber um den Königspalast herum blieb es still und traurig.

Eines Tages ging der Zigeuner in den Wald und fand den hohlen Baum wieder. Darin entdeckte er eine schöne, junge Frau.

„Wer bist du?", fragte er, aber sie sagte kein Wort und schaute ihn bloß mit leerem Blick an. Immerhin ließ sie sich von ihm aus dem Baum heraus helfen. Anmutig und schweigsam begleitete sie ihn in die Stadt. Er erzählte ihr von seinem Kampf gegen den Drachen und von den befreiten Frauen, die zu Vögeln verwunschen gewesen waren. Da sprach sie endlich: „Ich bin die Prinzessin, die dem Drachen ausgeliefert wurde. Ich konnte vor ihm fliehen, war aber von ihm in eine Goldamsel verwunschen. Die allweisen Nachtvögel gaben mir den Rat, für jemand zu singen und ihm mein Herz zu schenken. Sie sagten, dadurch könne ich mithelfen, den Drachen zu besiegen. Ich hörte im Wald eine singende Stimme, antwortete ihrem Ruf und schenkte jenem, der da kam, mein Herz. Seitdem weiß ich nichts mehr."

Als die Prinzessin zu ihrem Vater zurückkehrte, weinte dieser nun auf einmal Freudentränen.

Aber damit hörte er bald auf und umarmte seine Tochter herzlich. Er belohnte den Zigeuner mit kostbaren Geschenken. Arm und Reich wurden zu einem prächtigen Fest eingeladen.

Aber in all dem Trubel blieb der gefeierte Held nachdenklich und beobachtete die Prinzessin. Sie war schön, keine Frage, und König und Volk freuten sich, sie wiederzusehen. Sie sprach kluge Worte. Sie bewegte sich vornehm. Sie war zu niemand unfreundlich und wendete sich allen zu, die sie begrüßten. Bis hierher passte alles zusammen. Aber die Schöne wirkte irgendwie teilnahmslos. Sie erschien ihm wie eine leere Hülle.

Er forderte sie zum Tanz auf. Sie stimmte zu. Und da, auf einmal, während ihrer beider Schritte zusammenwirkten, hatte er eine Idee. Er hielt inne, griff in seine Hemdtasche und holte das winzige, goldene Kügelchen hervor, dem er seinen Erfolg verdankte. Seit jener Nacht mit dem Silbermond, dem Spinnweb und den Liedern hatte er es bei sich getragen.

Er fasste es vorsichtig mit den Fingerspitzen seiner rechten Hand. Mit der linken aber nahm er die Hand der Prinzessin, öffnete sie und legte das Kügelchen auf ihre Handfläche.

Mit einer raschen Bewegung führte sie es zum Mund und schluckte es.

Da schaute sie überrascht, als stiege etwas Unerwartetes in ihr auf. Und im nächsten Moment begann sie zu lachen, zu weinen und wieder zu lachen. Sie hüpfte und sprang, tanzte und umarmte alle, denen sie nahe kam, jubelte und schluchzte, ohne sich um die Verwunderung der Festgesellschaft zu kümmern. Das Herz der Goldamsel war endlich an seinen eigentlichen Platz zurückgekehrt.

Die Prinzessin und der Zigeuner entdeckten, dass ihre Herzen, die so lange Zeit ganz nahe zusammen gewesen waren, einander nicht mehr missen wollten. Sie fanden auch, dass sie beide den Wald über alles liebten. Sie schwärmten einander vor, wie wunderbar seine Stille, seine Lebendigkeit, seine Licht-und-Schatten-Spiele, seine Geräusche und Gerüche seien.

Da schenkte ihnen der König den Wald zur Hochzeit. Hier richtete das liebende Paar sich eine Wohnung nach Wunsch. Seither wachen die beiden über den Wald und seine Bewohner und leben mit ihnen in Freude und Behaglichkeit.

# Bär und Wildschwein auf Erkundungstour

aus Korea

Es lebte einmal ein Bär auf dem sagenhaften Berg Baek-Tu. Dort kehrten oft Reisende ein, die erzählten, wie spannend und vielfältig die Welt doch sei. Nachdem er sich diese Geschichten lange genug angehört hatte, packte ihn die Neugier und er machte sich selbst auf den Weg.

Er spazierte durch Wiesen, Felder und Wälder, bis ihm eines Tages ein sehr sympathisches Wildschwein begegnete. Sie kamen ins Gespräch und, da sie sich beide nach Gesellschaft sehnten, beschlossen sie, eine Weile zusammen zu reisen. Und wie sie so dahinstapften, die Unterhaltung genossen und immer fröhlicher wurden, kamen sie auf die Idee, sich einmal ein Menschendorf näher anzusehen.

„Aber wir dürfen keinen ihrer lästigen Hunde fressen, hörst du! Sonst glauben sie uns unsere guten Absichten nicht", mahnte das Wildschwein.

„Ich bin gespannt, was die Menschen so treiben, wenn sie unter sich sind. Erweitern wir unseren Horizont", schmunzelte der Bär.

Sie zupften einander einige Erdklumpen und Blätter aus dem Fell und der Bär kämmte sich mit seinen Krallen. Dann spazierten sie wohlgemut aufs nächste Dorf zu. Aber kaum kamen sie in die Nähe, da fiel eine Menschenhorde mit Mistgabeln und Äxten über sie her. Schnell ergriffen die beiden Forscher die Flucht. Im Wald schüttelten sie ihre Verfolger ab.

„Was haben die denn?", staunte das Wildschwein. „Wir haben ihnen doch nichts getan!"

„Sonderbar!", der Bär kratzte sich ausgiebig.

Das Wildschwein rieb sich, wohlig grunzend, an einer Eichenrinde. „Ach so!", rief es. „Es ist unsere Gestalt. Aber die lässt sich ja ändern. Sicher hast du am Berg Baek-Tu schon früh die Verwandlungskunst gelernt?"

Der Bär nickte.

„Nun, mein Freund, ich bin auch dort gewesen. Zu dumm, dass uns das nicht früher eingefallen ist!"

„Dann machen wir jetzt einen neuen Versuch. Deine Idee ist gut."

Der Bär sprang in die Luft, überschlug sich dort und kam als Menschen-mann auf den Boden zurück. Er trug einen aus Bambus geflochtenen Trauer-hut auf dem Kopf, wie er in dieser Gegend bei jenen üblich war, die einen nahen Angehörigen verloren hatten. Das Wildschwein schlug ebenfalls einen Salto und wurde ein kräftiger Jüngling mit einem dichten, rötlich-schwarzen Haarschopf.

So spazierten sie aus dem Wald hinaus. Als der verwandelte Bär einen Bach plätschern hörte, wollte er sofort hineilen, um Flusskrebse zu fressen, denn deren Geschmack nach Nussöl mochte er sehr.

„Benimm dich wie ein Mensch!", ermahnte ihn der Wildschwein-Mann. „Auf rohe Krebse musst du eine Weile verzichten. Denk daran, was wir ent-decken wollen. Das ist es doch wert!"

Sie wanderten weiter, ins Dorf hinein und bis zum Brunnen. Eine junge Frau kam mit einem Eimer und einer Schöpfkelle, die aus einem kleinen Kürbis gefertigt war. Sie begann, den Eimer zu füllen. Der Bär-Mann beobachtete sie begehrlich.

„Einen guten Tag!" wünschte ihr der Wildschwein-Mann. „Würdet Ihr uns aus Eurer Kelle trinken lassen?"

Die Menschenfrau tauchte anmutig die Kelle ein, reichte sie dem Jüng-ling und beobachtete zuerst verstohlen, dann verblüfft, wie der Mann mit dem Trauerhut drei Schöpfer mit jeweils einem Zug leerte.

„Verzeiht", sprach das Wildschwein, „mein Onkel ist von der langen Wanderung sehr durstig. Er heißt Ungnami und ich", er verneigte sich, „bin Dschodongi. Wir kommen von Baek-Tu."

Als er sie lächeln sah, fuhr er kühn fort: „Würdet Ihr mir Eure Schöpf-kelle schenken? Ich würde sie in Ehren halten und jedes Mal beim Trinken an die anmutige Dame denken, die uns gelabt hat."

„Hier, nehmt sie!" Die junge Schönheit blickte verlegen, als sie ihm die Schöpfkelle reichte, nahm ihren vollen Eimer und ging.

Dschodongi, das Wildschwein, und Ungnami, der Bär, nahmen sich im Wirtshaus ein Zimmer. Als sie aber am Abend in ihren Betten lagen, war aus dem Nebenhaus so lautes Weinen und Wehklagen zu hören, dass sie keinen Schlaf fanden.

Es stellte sich heraus, dass ein riesiger, wilder Hund das Dorf seit einiger Zeit belagerte, Angst und Schrecken verbreitete und nur zu besänftigen war, indem man ihm junge Frauen brachte, die danach spurlos verschwunden blieben.

Am nächsten Tag zur Mittagsstunde sollte die Tochter der Nachbarn dem Hund geopfert werden.

Die beiden Tier-Jünglinge lauschten, nickten einander zu und gingen gleich am nächsten Morgen ins Nachbarhaus. Dschodongi blieb das Herz fast stehen, als er das todgeweihte Mädchen sah. Er trug ihr Geschenk am Gürtel und sie war der einzige Mensch, den er je genauer kennen gelernt hatte. Es war die Wasserschöpferin.

Kaum hatte er die Lage überschaut, bot er schon seine Hilfe an und achtete nicht auf Ungnamis warnende Blicke. Es blieb gerade genug Zeit, einen Plan zu ersinnen.

Zur Mittagsstunde wurde eine verschleierte Gestalt vor die Stadt hinaus und zur Höhle begleitet. Weinend und wehklagend brachte man sie zum Opferplatz. Ungnami versteckte sich hinter einem Baum.

Dschodongi – denn niemand sonst war die verhüllte Gestalt – spürte, wie seine Nasenflügel bebten. Der wilde Hund war in der Nähe, das roch er deutlich. Als er ihn kommen sah, warf er die Hüllen von sich, stürzte sich auf ihn, sprang auf seinen Rücken und riss, während er sich festklammerte, dem Hund die Beine nach außen. Das wilde Tier schüttelte ihn ab und ergriff jämmerlich winselnd die Flucht.

Ungnami rannte zu Dschodongi hin, der keuchend da stand und einige Fellfetzen mit den Händen umklammerte.

„Bist du des Wahnsinns? Du hast ihn verscheucht. Nun wird er bei nächster Gelegenheit über das Dorf herfallen und alles verwüsten. Das ist es doch, was die Leute die ganze Zeit fürchten", warf er ihm vor.

„Ich konnte nicht anders", erwiderte der Wildschwein-Mann verlegen.

„Mein Freund", lenkte Ungnami ein, „das verstehe ich, aber jetzt müssen wir etwas tun, um die Menschen im Dorf zu retten."

„Was denn?", zerknirscht schob Dschodongi die Schöpfkelle an seinem Gürtel zurecht.

„Es ist wieder Zeit für unsere andere Gestalt!", schon war Ungnami durch einen Sprung in die Luft und einen Überschlag zum Bären geworden. Das Wildschwein folgte seinem Beispiel.

Die zwei verfolgten die Fährte des riesigen Hundes und lauerten ihm bei seiner Höhle auf. Sie hatten einen sicheren Plan ausgeheckt. Dschodongi lockte den wilden Hund mit sonderbaren Geräuschen, einem hellen Glucksen und leisen Grunzen aus der Höhle. Als das Untier hervorkam, sprang Ungnami vom nahen Felsen auf dessen Rücken, riss die Beine seines Gegners nach hinten und brachte ihn so zu Fall. Nun stürzte auch Dschodongi herbei. Miteinander packten und zerrissen sie den riesigen wilden Hund.

Zurückverwandelt in ihre Menschengestalt brachten Dschodongi und Ungnami die vier blutigen Pfoten des Ungeheuers ins Dorf und wurden als Helden begrüßt.

Die Dorfbewohner erkannten, dass ihre Sorge vergangen war. Sie erzählten das Wunder überall weiter und veranstalteten ein großes Fest.

Die beiden verwandelten Tiere genossen es, unter den Menschen willkommen zu sein. Um sich aber nicht durch ihre Wildheit zu verraten, hielten sie sich vom Trubel des Tanzes und vom Rausch der Getränke fern. Sie beobachteten, lächelten und blieben weise am Rand des Geschehens.

Dschodongi saß gerade mit der geretteten Frau auf der Bank unter dem Holunderstrauch und sie plauderten vertraulich, als Ungnami ihn zur Seite nahm.

„Es wird Zeit, dass wir wieder unserer Wege gehen", mahnte er. Dschodongis Blick ruhte begeistert auf der Menschenfrau. Er wollte etwas erwidern, doch Ungnami ließ ihn nicht zu Wort kommen. „Denk nach, mein Freund. Es wird Zeit, in unsere wirkliche Gestalt zurückzukehren. Wir haben hier genug gesehen und erlebt."

„Du hast Recht", gab Dschodongi betrübt zu. „Aber wir können nicht einfach so verschwinden. Unsere Wasserschöpferin liebt mich und wenn sie nicht die Wahrheit wüsste, würde sie ihres Lebens nicht mehr froh. Sie muss verstehen, warum ich nie ihr Mann sein kann. Wir müssen ihnen unsere Verwandlung zeigen. Wir müssen ihnen zeigen, wer wir wirklich sind."

„Gut", willigte Ungnami ein, „denn ich für meinen Teil wünsche mir, dass die Menschen wissen, dass unsereins ihnen auch wohlgesonnen sein kann und wir nicht immer nur bedrohliche Ungeheuer sind."

So sagten sie den Menschen, die das Festmahl vorbereiteten, sie sollten ein ganzes Kalb auf den Tisch bringen. Diese staunten zwar, taten ihnen aber den Gefallen, und bevor das Festmahl begann, ergriff Dschodongi das Wort.

„Freunde", sagte er, „wir freuen uns, dass wir euch helfen konnten."

Jubel antwortete ihm.

„Und nun", fuhr er fort, „wollen wir euch unsere wahre Gestalt zeigen. Ihr wisst, dass ihr uns vertrauen könnt. Schaut genau und merkt euch, was hier geschieht."

Vor den aufmerksamen Augen der Dorfbewohner sprangen die beiden in die Luft, überschlugen sich und kamen in ihrer wahren Gestalt auf den Boden zurück. Sie machten sich über das Kalb her und verspeisten es zur Gänze, dann ließen sie noch einen Blick über die staunende Menge gleiten, bevor sie aus dem Dorf hinaus und zum Wald hinüber liefen.

Die junge Frau, die für kurze Zeit die Geliebte eines zauberkundigen Wildschweines gewesen war, erzählte später ihren Kindern von ihrer wunderbaren Rettung.

„Und wenn ihr in den Wald geht", lächelte sie, „schaut genau. Vielleicht seht ihr ja eines Tages ein Wildschwein, das eine Kürbiskelle bei sich trägt."

# Kaulu

aus Hawaii

In der üppigen Wärme Hawaiis lebte einmal ein junger Bursche. Kaulu war sein Name. Er kletterte gerne auf Bäume, konnte sehr gut schwimmen und rannte mit jedem, der ihm die Stirne bot, um die Wette. Er bewegte sich lieber, als still zu sitzen.

An den Abenden aber, kurz bevor er in den Schlaf sank, hatten ihm Eltern, Großeltern, Tanten und Onkels von klein auf manches erzählt. Ganz besonders von seinem verschwundenen Bruder Ka-éha.

Die Zeit verging und Kaulu war groß und kräftig geworden. Er war neugierig auf die Welt. So machte er sich auf den Weg, um seinen Bruder zu suchen, seinen gütigen Bruder Ka-éha, der vor undenklich langer Zeit verschwunden war und den er nur aus Erzählungen kannte.

Kaulu ging und gelangte ans Meer.

Die Brandung zischte ihm zu: „Bist du stark? Wie stark bist du? Kannst du dich mit mir messen?"

Kaulu fragte seine linke Hand: „Lima-pai-hala, meine linke Hand, bist du stark?"

„Jaa, ich bin stark!", antwortete diese.

Kaulu fragte seine rechte Hand: „Und du, Hakau-kahi, bist du stark?"

„Ja!", rief die rechte Hand.

Da rangen Kaulu und die Brandung miteinander. Lima-pai-hala und Hakau-kahi, die Hände von Kaulu, waren so stark, dass sie gewannen. Seitdem sind die kleinen Wellen am Meeresrand gebrochen und brechen sich bis auf den heutigen Tag.

Kaulu ging weiter und die großen Wogen draußen im Ozean sprachen zu ihm: „Hast du Kraft? Kannst du etwas bewirken? Willst du mit uns ringen? Sicher sind wir stärker als du!"

„Habt ihr Kraft?", fragte Kaulu seine Hände Lima-pai-hala, die linke und Hakau-kahi, die rechte.

„Ja", antworteten die beiden, „wir können kämpfen und siegen!"

Da rang Kaulu mit den großen Wogen und gewann.

Seitdem haben die riesigen Wogen des Ozeans Gischtkronen, weil sie in der Mitte durchgebrochen sind.

Kaulu ging weiter und kam mitten im Festland an ein seltsames Gebilde: Hier standen zwei unglaublich dicke Säulen, die bis in die Wolken ragten und auf dem Boden in zwei langgezogenen Hügeln steckten.

„Hee-e!", rief Kaulu. „Was ist das?"

Da kamen unterwürfige Kreaturen herbei, die schimpften: „Du darfst unseren Herrn, den Riesen Lono-ka-eha nicht stören! Du kannst unseren großen Herrn doch nicht einfach so ansprechen. Sei still und verschwinde, sonst ist es um dich geschehen!"

Aber da beugte der Riese schon sein zottiges Haupt herab.

„Lono-ka-eha!", schrie Kaulu. „Kämpfe mit mir!"

Der Riese nickte. Kaulu flüsterte seiner linken Hand zu: „Lima-pai-hala, meine Liebe, bist du stark?"

„Ja!", antwortete Lima-pai-hala leise und wollte schon zupacken. Er aber hielt sie zurück.

„Und du, Hakau-kahi, meine rechte Hand", flüsterte er, „bist du stark? Vermagst du zu kämpfen?"

„Ja!", rief Hakau-kahi und war nicht mehr zu halten.

Da hatte Kaulu mit seinen beiden starken Händen schon den Schopf von Lono-ka-eha gepackt. Er hielt den Kopf des Riesen so lange fest, bis das Gras und die Ohia-Bäume über ihn gewachsen waren. Er ist noch heute an dieser Stelle zu finden und sieht aus wie ein Hügel, der auf einer Seite steil, auf der anderen hingegen sanft geneigt ist.

Kaulu ging weiter. Er kroch in Felshöhlen, er kletterte auf hohe Berge, um weiter schauen zu können, und er fragte in jeder menschlichen Siedlung nach seinem Bruder. Aber mit der Zeit wurde er mutlos.

„Hakau-kahi und Lima-pai-hala, meine Lieben", sprach er, „man hat mir von meinem gütigen Bruder Ka-éha erzählt, seit ich klein war. Nun habe ich ihn überall auf der Erde gesucht. Aber ich konnte ihn bisher nicht finden. Was ratet ihr mir?"

Da strebten seine beiden Hände zum Himmel und zeigten nach oben. Kaulu nickte, denn er hatte verstanden. Er schaute sich um. Da erblickte er an der nächsten Weggabelung einen mächtigen Mann. Es war der Zauberer Moko-li-i, der wartete, dass endlich jemand käme, den er verspeisen könnte.

Er saß genau an jener Stelle, von der aus man hinauf in den Himmel gelangen konnte. Und genau dahin wollte Kaulu, der gerne dem Rat von Lima-pai-hala und Hakau-kahi folgte.

Kaulu trat auf den Zauberer Moko-li-i zu, der ihn sofort packte, um ihn zu verschlingen, aber Kaulu wehrte sich und schlug vor: „Kämpfen wir gegeneinander und wenn du gewinnst, darfst du mit mir machen, was du willst. Aber trag mich zuerst hinauf in den Himmel! In der Höhe zu kämpfen, verlangt mehr Mut. Dort ist der richtige Ort, um Heldentum zu zeigen."

Moko-li-i leuchtete das ein. Er stieg mit Kaulu in die Höhe, bis sie den Himmel erreicht hatten. Kaum spürte Kaulu den Himmelsboden unter seinen Füßen, da hatte er den Zauberer Moko-li-i schon gepackt und in die Tiefe fallen lassen. Moko-li-i zerschellte jämmerlich auf der Erde und da liegen noch heute allerlei Splitter. Sie sehen wie Gesteinsbrocken aus, aber in Wirklichkeit sind sie die Stücke des alten Zauberers, den keiner mehr zusammenfügt.

Im Himmel ging Kaulu weiter. Er gelangte zum Himmelspalast, trat ein und spazierte unbekümmert darin herum.

Er erblickte eine schön geflochtene Tür und öffnete sie. Der Raum, den er betrat, war nur schwach beleuchtet. Da lag Maka-li-i, der König des Himmels, und schlief mit nach oben gewandtem Gesicht. Kaulu rüttelte ihn und Maka-li-i schrak hoch.

„Wo ist mein Bruder? Wo ist mein gütiger Bruder Ka-éha?", fragte Kaulu.

Außer sich vor Schreck stammelte Maka-li-i: „Wir haben Ka-éha dem größten aller Haie, Ka-la-ke-e-nui, zum Fraß vorgeworfen, aus Angst, dass er uns alle beherrschen könnte, wenn sein starker Bruder Kaulu, von dem er immer erzählte, ihm zur Hilfe käme. Ka-la-ke-e-nui liegt im Osten im Meer, einen Steinwurf vom Ufer entfernt, und sieht aus wie ein bewachsener Fels."

Kaum hatte er dies gehört, eilte Kaulu zur Küste und fand die moosbewachsene Klippe draußen im Meer. Die Klippe regte sich und war tatsächlich der Hai Ka-la-ke-e-nui.

Mit seiner rechten Hand Hakau-kahi packte Kaulu den Unterkiefer von Ka-la-ke-e-nui. Mit seiner linken Hand Lima-pai-hala packte er den Oberkiefer des riesigen Haies. Und nachdem er den Hairachen weit, sehr weit geöffnet hatte, erblickte er in der Tiefe jemand. Das war Ka-éha, Kaulus gütiger Bruder Ka-éha, der verschleppt worden war, noch ehe Kaulu der Worte mächtig war. Kaulu hielt die riesigen Kiefer des Hais offen und Ka-éha kletterte aus den Tiefen des Fischbauches heraus.

Ka-éha und Kaulu ergriffen zusammen Ka-la-ke-e-nui, den größten aller Haie, und schleuderten ihn so hoch, dass er am Himmelsgewölbe hängen blieb. Seitdem ist er dort zu sehen. Er liegt lang und hell zwischen den Sternen ausgestreckt und ist heute als „Milchstraße" bekannt.

# Ein Schüler hat
# seinen Meister gefunden

chassidische Erzählung

Es war einmal ein Jüngling, der sich einen Lehrer wünschte. Er suchte lange Zeit.

„Wenn ich meinen Lehrer gefunden haben werde, wird mein weiterer Weg klar sein", versprach er sich. „Dann werde ich keine Zeit mehr mit Suchen verschwenden. Was ich tue, wird sinnvoll sein und sich rund anfühlen, rund, ganz und befriedigend." Und ein hoffnungsvolles Lächeln überzog sein hübsches Gesicht.

Er suchte.

Er wanderte.

Er fragte herum. Er verfolgte Hinweise und Ratschläge.

Er befragte viele Lehrer, fand aber bei keinem von ihnen das, was er ersehnte.

Der eine schien dem Suchenden nicht weise genug. Der andere wollte ihn nicht als Schüler annehmen. Immer wieder musste sich der Jüngling, enttäuscht, neuerlich auf den Weg machen.

„Ich werde es spüren. Wenn mir der richtige begegnet, wird es sich anfühlen, als hätte ich nach Hause gefunden", stellte er sich vor.

Nach langer Suche war es so weit: Er fand einen Meister, der nicht zu alt und nicht zu jung war. Er wurde für weise und gerecht gehalten. Er war bekannt, aber nicht allzu berühmt. Als der Jüngling ihn sah, fühlte er sich sogleich zu ihm hingezogen.

„Meister", sprach er mit wohlklingender Stimme und verneigte sich. „Ich möchte bei Euch lernen. Ich war lange unterwegs, um Euch zu finden."

„Ich werde darüber nachdenken. Morgen kannst du wiederkommen. Dann gebe ich dir meine Antwort." Der Weise nickte freundlich und wies zur Tür.

Der Jüngling zitterte in Erwartung und konnte in dieser Nacht vor Aufregung kaum schlafen. Früh am Morgen wartete er schon vor der Tür des Meisters. Nach einer Weile wurde ihm geöffnet und er erfuhr zu seiner Freude, er sei als Schüler angenommen worden.

Ungeduldig und aufgeregt erwartete er die Weisheiten, die es zu entdecken galt. Aber zunächst war Essenszeit. Die Familie und die Schüler des Meisters saßen alle um einen großen Tisch. Sie speisten und unterhielten sich freundlich miteinander.

Nur der Jüngling, der neue Schüler, der gerade erst angekommen war, bewegte am Tisch sitzend unruhig seine Hände. Er schaute ratlos herum und zeigte alle Anzeichen der Verwirrung.

Auf einmal brach es aus ihm hervor: „Meister, warum habe nur ausgerechnet ich keinen Löffel!"

Der Meister richtete seinen Blick auf ihn und sagte: „Weil es für dich jetzt an der Zeit ist, nach dem Löffel fragen zu lernen."

# Das Brokatbild

aus Asien

Es war einmal eine Weberin, die ihre Arbeit sehr kunstfertig und liebevoll verrichtete. Sie schuf die allerschönsten Brokate, in strahlenden Farben, mit wunderbaren Mustern. Da waren Ranken, Blätter, Blüten und sonderbare Tiere abgebildet. Die Stoffe boten dem Auge und der tastenden Hand viele Freuden und Überraschungen.

Die Weberin brachte mit ihrer Arbeit Geld ins Haus und versorgte die ganze Familie, sie war nämlich auch Mutter. Sie hatte drei erwachsene Söhne, von denen der jüngste fleißig in Haus und Hof mithalf.

Eines Tages hatte sie wieder einmal einen ihrer Brokatstoffe auf dem Markt verkauft. Sie trug den klimpernden Geldbeutel bei sich und schaute, wo etwas Besonderes zur Feier des Tages und auch das Notwendige, Grundlegende, günstig zu finden wären.

Da erblickte sie in einem Laden ein Bild. Sie sah es, hielt inne und versank in Betrachtung. Auf dem Bild war ein schönes Haus zu sehen, genau an jenem Platz, an dem in Wirklichkeit ihre eigene Hütte stand. Über die Stelle konnte es keinen Zweifel geben. Der Berg im Hintergrund bewies es.

Entzückt erblickte die Weberin die gelben Säulen, das rote Dach und die blauen Fensterläden des Hauses. Sie verschlang es mit Blicken. Es war weitläufig, praktisch und großzügig angelegt. Vor der Tür pickten Hühner. Da schnatterten Enten und Gänse. Kühe, Schafe und Ziegen weideten auf den saftigen Wiesen. Reis-, Mais- und Weizenfelder wogten auf den Hügeln. Obstbäume blühten und trugen reiche Frucht. Frische Kräuter wuchsen genau an den richtigen Plätzen und sahen so frisch und köstlich aus, dass die Frau vermeinte ihren Duft riechen zu können. Rosen und zarte Wildblumen erfreuten das Auge.

Ohne zu denken, ging die Weberin in das Geschäft hinein, erhandelte das Bild und trug es, wie im Rausch, nach Hause.

Dort angekommen setzte sie sich an den Tisch, breitete ihren Schatz aus und nährte sich an seinem Anblick. Der älteste ihrer Söhne kam daher.

„Mutter", fragte er, „was hast du denn da? Das hast du doch wohl nicht etwa gekauft?"

Sie nickte. „Doch."

„He, schaut euch das an!", rief er seine Brüder herbei. „Unsere Mutter ist verrückt geworden! Sie hat den Erlös aus dem Stoffverkauf, das Geld, von dem wir alle ein Jahr leben sollten, für eine Tändelei hergegeben, für dieses Luxusding da, das wir uns nicht leisten können!"

Nun standen die Söhne alle drei hinter der Mutter und schauten ihr über die Schulter. Endlich sagte der jüngste: „Mutter, ich habe dich schon lange nicht mehr so froh und frisch gesehen."

Sie hob den Kopf, lächelte ihn an und nickte, während die beiden älteren einander verärgerte Blicke zuwarfen.

„Mutter", sagte der jüngste weiter, „du solltest zu diesem Bild einen Brokat weben."

„Das kommt nicht in Frage!", fuhr der mittlere Sohn dazwischen. „Mutter, das geht nicht, das muss dir doch wohl klar sein! Wir müssen wirtschaftlich denken. Es würde viel zu lange dauern, ein solches Kunstwerk zu vollbringen. Du musst Stoffe weben, die du verkaufen kannst!"

„Meine Söhne", sagte die Mutter, die Weberin, entschlossen, „ich werde beides tun. Tagsüber werde ich wie bisher Stoffe zum Verkauf weben. Aber am Morgen, vor meiner üblichen Arbeitszeit, und am Abend, nach der Arbeit, werde ich dieses Brokatbild weben."

Und sie schenkte ihrem jüngsten Sohn ein warmes Lächeln.

Es geschah, wie sie gesagt hatte. Täglich vor dem ersten Hahnenschrei saß die Brokatweberin am Werk und schuf, im Licht einer Kerze oder eines rußigen Kienspanes, einen Stoff, prachtvoller als es die alte Hütte bei Generationen von Webern je gesehen hatte.

Tagsüber arbeitete sie wie üblich, um den Lebensunterhalt für ihre Söhne und sich zu verdienen. Und am Abend entzündete sie wieder ein

sparsames Licht und schuf weiter an dem wunderbaren Brokatbild. Sie tat es in der Zeit, in der sie früher auf der Bank vor dem Haus gesessen und mit der Nachbarin geplaudert hatte.

Sie wählte die feinsten Garne und edelsten Farben, vereinte sie zu neuer Pracht und schuf eine Welt, die das Bild, das sie gekauft hatte, weit in den Schatten stellte.

Nach einem Jahr begannen von der stetigen Bemühung ihre Augen unentwegt zu tränen. Mit diesen klaren Tropfen, die auf ihr Webstück fielen, fertigte sie die funkelnden Fensterscheiben des erträumten Hauses und den hellen Bach, der durch das frische Grün der Blumenwiese plätscherte.

Nach einem weiteren Jahr waren, vom Rauch des Kienspanes gereizt, ihre Augen rot und wund. Blut tropfte aus ihnen auf den Stoff. Mit diesem färbte sie die Blumen in den Fensterkästen und die Flammen der Laternen, die den Hauseingang schmückten.

Nach dem dritten Jahr war das Werk vollbracht.

Die Weberin ergriff das soeben fertig gewordene Brokatbild und löste es vom Rahmen. Sie verwahrte die losen Fäden und trug es hinaus vor die Hütte, um es endlich in gutem Licht zu betrachten. Sie hängte es über einen Zweig des nahen Baumes und nahm Abstand.

Da kam eine Windbö, ergriff das Bild und wirbelte es hoch hinauf in die Luft, um es davonzutragen.

Mit einem Schrei fiel die Weberin zu Boden.

Die Söhne hörten sie, kamen gerannt und bestürmten sie, zu sagen, was geschehen sei. Der älteste rannte ein Stück, konnte das Brokatbild jedoch nirgendwo finden. Er beschloss, hinaus in die Welt zu gehen und überall nach dem Bild zu suchen.

„Es ist gewiss sehr kostbar", erklärte er den beiden jüngeren. „Wir hätten es teuer verkaufen können. So einen Wert darf man sich nicht entgehen lassen."

Beinahe ein Jahr lang durchstreifte er die Welt, suchte und fragte und plagte sich dabei mehr, als er es in seinem ganzen bisherigen Leben getan hatte.

Endlich kam er zu einem steinernen Hügel mit einer steinernen Hütte darauf. Davor stand ein Pferd, reckte den Hals und strebte mit seinen Lippen zu einigen Erdbeeren hin, die vor der Hütte wuchsen.

„Sonderbar", dachte der Jüngling „warum macht das Pferd nicht einfach einen Schritt und frisst die Erdbeeren, die es so begehrt?"

Aber als er näher trat, begriff er, dass auch das Pferd aus Stein war. Während er stand und staunte, trat aus der Hütte eine alte Frau.

„Was führt dich hierher, Jüngling?", fragte sie. „Es verirren sich nicht oft Fremde hierher."

„Ich suche ein Brokatbild. Meine Mutter hat es gewebt und es ist sehr kostbar."

„Deine Mutter hat es gewebt ...", sie schaute ihn nachdenklich an. „Das Bild wurde von den vier Winden davongetragen."

„Woher weißt du das?" Der Sohn der Weberin nickte verwundert. „Ja, der Wind war es."

„Die Feen vom Sonnenberg beauftragten die Winde, ihnen das Brokatbild zu bringen, damit sie es als Vorlage für ihre eigenen Webstücke verwenden können. Du kannst sie besuchen und das Brokatbild für deine Mutter zurückverlangen."

„Wie komme ich dorthin?"

„Du brauchst dazu nur diesem Pferd hier deine Zähne einzusetzen. Dann kann es drei der Erdbeeren fressen und dich durch das Feuermeer und das Eismeer zum Sonnenberg tragen."

Der Jüngling hatte sich unwillkürlich an den Mund gegriffen. „Gibt es denn keine andere Möglichkeit?"

„Du kannst von mir ein Kästchen mit Geld bekommen, von dem deine Familie eine Weile leben kann."

„Was verlangst du dafür?"

„Nichts. Ich kann dir das Kästchen einfach geben."

„Ja, das will ich."

Der Älteste bekam von der Frau ein Kästchen, nahm Abschied und ging zurück in die Richtung, aus der er gekommen war. Als er außer Sichtweite war, hielt er inne, schaute in das Kästchen hinein, schätzte die enthaltene Summe und dachte sich: „Wenn wir alle vier von diesem Geld leben wollen, wird es nicht sehr lange dauern, bis es aufgebraucht ist. Aber für mich alleine reicht es lange ... ich kann davon leben, wie ein feiner Herr.“

Als der älteste nicht nach Hause zurückkehrte, machte sich der mittlere Sohn der Weberin auf den Weg. Ihm erging es auf Punkt und Komma genauso wie dem älteren.

Die Mutter war seit dem Verlust des Bildes nur noch ein Schatten ihrer selbst: schwach und in sich zusammengesunken. Ihre Sehkraft hatte nachgelassen. Der verbliebene jüngste Sohn machte sich große Sorgen um sie. Endlich bat er die Nachbarin, für seine Mutter zu sorgen und machte sich auf die Suche nach dem Brokatbild.

Er wanderte umher und fragte überall, bis auch er zum steinernen Hügel gelangte. Als er hörte, er müsse, um zum Sonnenberg kommen zu können, dem steinernen Pferd seine Zähne einsetzen, hatte er im Handumdrehen einen Feldstein aufgehoben, sich die Zähne ausgeschlagen und war auf den Pferderücken gesprungen. Das Pferd reckte sich, streckte sich und fraß drei Erdbeeren. Schon wollten Ross und Reiter davon sprengen, da rief die alte Frau: „Wenn du durch das Feuer- und das Eismeer reitest, darfst du keinen Schmerzenslaut von dir geben und kein Wort sagen, egal, was dir geschieht.“

Der Jüngling nickte ihr zu, dankte für den Rat und ritt los.

Er ritt durch das Feuermeer. Die Flammen züngelten um ihn, leckten an ihm, loderten und brannten, als wollten sie ihn verschlingen. Es fühlte sich an, als fräßen sie Stück für Stück das Fleisch von seinen Knochen und es schmerzte abscheulich, aber der Jüngling ritt still und ohne Schmerzenslaut weiter.

Er ritt durch das Eismeer. Die Kanten der Eisschollen schnitten tief in seine Haut, die Kälte kroch ihm durch Mark und Bein. Er wurde matt und fühllos. Aber ohne einen Jammerlaut ritt er weiter. So gelangte er endlich, mehr tot als lebendig, an ein sonnenbeschienenes Ufer. Das warme Licht wirkte Wunder und ließ seinen Körper wieder wie neu werden. Alle Schmerzen waren vergangen.

Der Jüngling stieg den Hügel hinauf, betrat den gläsernen Palast der Feen und schritt staunend durch die Flure. Da trat ihm eine Fee in einem roten Kleid entgegen. Gibt es Liebe auf den ersten Blick? Nun, wer daran zweifelt, den möchte ich jetzt zur Stelle haben.

Er erzählte ihr seine Geschichte und sie führte ihn zur Feenkönigin, in einen großen Saal, in dem viele Feen an Webstühlen saßen. Sie alle blickten immer wieder nach vorne. Dort hing das Brokatbild in gutem Licht. Die Webstücke der Feen waren wunderschön. Jedes von ihnen griff eine Eigenart, eine Besonderheit der Vorlage auf, aber keines kam dem Werk der Weberin, der Mutter, gleich.

„Leihe uns euer kostbares Eigentum noch eine kleine Weile", bat die Feenkönigin, „bis wir unsere Bilder vollendet haben. Dann kannst du mit unserem Segen zu deiner Mutter nach Hause zurückkehren. Du wirst sehen: Es wird nicht euer Schaden sein. Iss und trink etwas. Stärke dich für den Weg nach Hause. Schlafe ein wenig und morgen kannst du das Bild nehmen und dich auf den Weg machen."

Da spürte der Jüngling, wie müde und hungrig er war. Die Fee im roten Kleid gab ihm etwas zu essen und zu trinken. „Nektar und Ambrosia", erklärte sie. Sie saß ihm gegenüber, während er speiste. Sie warfen einander Blicke zu. Die Fee fragte ihn nach seiner Mutter, der Brokatweberin, aus und er erzählte gerne und beredt von ihr. Wunderbar gestärkt schlief er ein.

Indessen arbeiteten die Feen weiter. Eine nach der anderen hatte ihren Stoff fertig. Als es dunkel wurde, hängten jene, die noch arbeiteten, eine große Perle an die Decke des Saales, die ihn taghell erleuchtete. Schließlich war es weit nach Mitternacht und nur die Fee im roten Kleid war noch am Werk. Sie beendete die Arbeit, schritt nach vorne zum Brokatbild der Mutter und tat etwas daran. Dann ging auch sie ihrer Wege.

Der Jüngling erwachte früh am Morgen und fand sich allein. Er sah, dass die Feen fertig geworden waren. „Worauf soll ich noch warten?", dachte er sich.

Er nahm das Brokatbild, rollte es zusammen und klemmte es unter seinen Arm. Dann ging er hinunter zum Ufer, bestieg das Pferd, ritt durch das Eismeer und das Feuermeer und kam zum steinernen Hügel. Dort stieg er vom Pferd.

„Es ist dir gelungen!", begrüßte ihn die alte Frau lächelnd, griff dem steinernen Pferd ins Maul, nahm des Jünglings Zähne heraus, gab sie ihm und bald saßen sie wieder fest und sicher an ihrem Platz, als hätten sie diesen nie verlassen.

„Gut hast du das gemacht", lobte ihn die alte Frau. „Nimm diese rehledernen Sandalen. Ziehe sie an und wünsche dich, wohin du willst. Pass dabei gut auf das Bild auf."

Der Jüngling dankte und wünschte sich nach Hause.

Im nächsten Moment stand er auf dem Hügel beim heimatlichen Tal, sah die Hütten der Nachbarn und die eigene vor sich und eilte darauf zu.

Da kam die Nachbarin auf ihn zugelaufen: „Da bist du endlich! Du bist doch noch zurückgekehrt. Schnell, geh hinein zu deiner Mutter. Sie hat das Augenlicht verloren und liegt im Sterben, aber sie wird sich freuen, dass es dir gut geht."

Schneller als Worte sagen können war der Sohn in die Hütte getreten. Er trat ans Lager seiner Mutter. Er entrollte das Brokatbild. Da schlug die Mutter die Augen auf, sah das Bild, sah ihn und stand auf. „Komm", lächelte sie, „komm nach draußen. Ich will es bei Licht besehen."

Sie nahm das Brokatbild, hängte es über den Ast des Baumes. Da kam ein Windstoß, erfasste es, hob es hoch …

Hühner pickten um die Füße des Jünglings und seiner Mutter herum. Enten und Gänse watschelten und schnatterten. Der Duft der Blumen, Kräuter und frischen Früchte erfreute die beiden. Das großzügige Haus mit dem roten Dach, den gelben Säulen und den blauen Fensterläden schaute freundlich auf sie. Sie staunten und umarmten einander.

„Schau nur, die Felder … bald ist Erntezeit."

„Koste diesen Pfirsich! Schmeckt er so gut, wie er duftet?"

„Noch besser!"

„Komm, lass uns hinauf zur Schafherde gehen!"

Alles, was an Ideen und Wünschen in das Bild hineingewoben worden war, war Wirklichkeit geworden. Die Nachbarn liefen jubelnd herbei. Ein Fest wurde gefeiert. Es wurde gegessen, getrunken, gespielt, musiziert und getanzt.

In dem Trubel bemerkten die Feiernden nicht, dass zwei abgerissene Bettler das Tal betraten und es still und verlegen wieder verließen.

Während das Fest noch in vollem Gange war, gingen die Weberin und ihr Sohn hinunter zum Bach. Da stand eine Frau in einem roten Kleid. Der Jüngling lief auf sie zu, um sie zu umarmen.

„Wie kommst du hierher? Wie konntest du so schnell reisen?"

„Ich wusste, dass das Brokatbild dank seiner Kraft und mit dem Segen der Feen wirklich werden würde. Deshalb habe ich mich", sie nickte der Weberin zu, „in dein Brokatbild hinein gestickt, hierher, auf die Wiese, denn ich möchte so gern die Künstlerin, die das Brokatbild schuf, näher kennen lernen und ich will auch nicht ohne dich sein." Die Fee umarmte den Jüngling und sie küssten einander.

Zu dritt gingen sie hinauf, um weiter zu feiern.

Friedliche und wohlhabende Zeiten begannen für das Tal und alle, die darin wohnten. Das Weben war von nun an leicht und freudig.

Die Weberin, ihr Sohn und die Frau im roten Kleid lebten lange und glücklich. Wir aber wollen noch glücklicher sein …

# Kommen und Gehen

aus dem arabischen Raum

Es war einmal ein Sultan, der hatte ein wunderschönes Serail, auf das er sehr stolz war.

Während der Jahrzehnte seiner Herrschaft hatte er sein Reich zur Hochblüte gebracht, Kriege gewonnen, Frieden geschlossen und stand bei seinen Untertanen in hohem Ansehen.

Eines Tages schlenderte der Sultan durch die Gänge seines Serails. Als er den Arkadenhof betrat, entdeckte er zu seiner Überraschung einen Derwisch, einen zerlumpten Wandermönch, der sich unter den Arkaden häuslich eingerichtet hatte. Der Derwisch hatte seinen Mantel ausgebreitet, seine Bettelschale aufgestellt und sein Lager errichtet.

Der Sultan trat näher und gab sich in seiner Überlegenheit gelassen und gefasst. „Du kannst hier nicht lagern", erklärte er dem Derwisch. „Dies ist kein Karawan-Serail, sondern das Serail eines Sultans: meines."

Der Derwisch ließ seinen Blick auf dem Sultan ruhen. „Sage mir, Sultan, der du dieses Serail besitzt: Wer lebte vor dir darin?"

„Vor mir herrschte hier mein edler Vater, Mohammed der Dritte", verkündete der Sultan.

„Ah! Und vor ihm?", fragte der Derwisch freundlich.

„Vor ihm regierte sein Vater, der ruhmreiche Mohammed der Zweite."

„Und davor?"

„Der ehrwürdige Achmed der fünfte, sein Vater."

„Und wer wird nach dir hier wohnen?"

„Ich habe drei edle und tüchtige Söhne. So Allah will, wird der Älteste, Achmed, die Herrscherwürde und das Serail erben."

„So, so … Und bei all dem Kommen und Gehen sagst du, dies sei kein Karawan-Serail?"

# Zu dumm
## ... oder weise?

# Wer pflügt?

aus der Toskana

An einem heißen Sommertag war ein Ochse vor den Pflug gespannt und zog ihn schwitzend durch die harte Erde.

Er schaute hoch und sah eine Fliege auf seinem rechten Horn sitzen.

„Was tust du da?", fragte er.

„Ich pflüge", sagte die Fliege.

# Nasreddin Hodscha ...

türkisch/arabisch/persisch

... ist ein weiser Narr, oder ein närrischer Weiser, über den es Geschichten gibt wie Sand am Meer.

## Der Ring

Nasreddin Hodscha stand gebückt vor seinem Haus, starrte in den Staub und scharrte hier und da mit dem Fuß. Er machte gelegentlich einen kleinen Schritt, um gleich neben der zuvor untersuchten Stelle neuerlich zu forschen. Ein befreundeter Nachbar hatte ihn dabei beobachtet.

„Was suchst du da?", fragte er.

„Meinen Ring", seufzte Nasreddin.

Der Nachbar begann sogleich, ebenfalls im Staub zu stöbern. Aber nach einer Weile kam ihm die Suche seltsam planlos vor. Er hielt inne und wandte sich an den Hodscha: „Wo hast du den Ring denn eigentlich verloren?"

„Im Haus", antwortete dieser.

„Um Himmels willen, wieso suchst du dann hier?"

„Hier draußen in der Sonne ist es hell. Aber drinnen im Haus ist es dunkel. Wie soll ich da einen kleinen Ring finden?"

## Sich ausweisen

Nasreddin wurde auf dem Amt aufgefordert, sich auszuweisen. Er griff daraufhin gemächlich in seine Brusttasche, holte einen Spiegel hervor und sah gründlich hinein.

„Wahrlich", versicherte er erfreut, „ich bin es selbst."

## Glücklich verloren

Eines Tages wanderte Nasreddin Hodscha die Straße entlang durch die Stadt und verhielt sich dabei sehr sonderbar: Er kroch auf dem Boden herum, als suche er etwas, dann erhob er sich, um einen Namen zu rufen, und machte gleich danach dankbare Gesten zum Himmel. Diese drei Bewegungen wiederholte er Schritt für Schritt.

Ein Freund beobachtete ihn und fragte: „Was tust du da?"

„Ich habe meinen Esel verloren", seufzte Nasreddin. „Also suche ich seine Spuren und rufe ihn. Was für ein Glück, dass ich nicht auf ihm saß, als er davongelaufen ist! Sonst wäre ich glatt mit ihm verloren gegangen. Dafür danke ich dem Himmel."

## Den üblichen Weg gehen

Nasreddin beschloss, zur Abwechslung einmal einen anderen als den gewohnten Weg zum Basar zu nehmen. Er schlug sich geradewegs ins Gebüsch. Nach wenigen Schritten landete er in einer Fallgrube, aus der er mühsam herauskletterte.

„Wie siehst denn du aus, Nasreddin! Was ist geschehen?", fragten seine Freunde, als er verspätet und zerschrammt am Ziel anlangte.

Er erzählte es ihnen viel genauer, als ich es eben tat.

„Was für ein Unglück!", riefen seine Zuhörer.

„Ach was!", meinte er. „Wer weiß, was mir alles auf dem üblichen Weg, der doch viel länger ist, passiert wäre?"

# Die Decke

Eines Nachts erwachten Nasreddin Hodscha und seine Frau von Lärm, von Geschrei und Gepolter.

„Was ist da draußen los?", fragte sie.

„Also, wenn du es unbedingt wissen willst", sprach er, „dann gehe ich eben nachschauen."

Nasreddin Hodscha hüllte sich in seine Bettdecke, ging zur Tür und trat auf die Schwelle.

Er erblickte einige Burschen, die in eine Schlägerei verwickelt waren und einander lauthals beschimpften.

Einer von ihnen erblickte Nasreddin, zerrte die Decke von dessen Schultern und suchte das Weite. Alle anderen Raufbolde folgten ihm.

Nasreddin Hodscha kehrte zitternd ins Bett zurück und kroch zu seiner Frau unter ihre Decke.

„Stell dir vor", erzählte er, „das waren drei oder vier Kerle, die nichts Besseres zu tun hatten, als einander nachts vor unserem Haus zu verprügeln."

„Und worum ging der Streit?" fragte seine Frau.

„Um meine Decke", erklärte Nasreddin schläfrig, „man nahm sie mir weg und, siehe da, schon ist Ruhe."

# Zwei Fragen

Eines Tages stellte Nasreddin Hodscha ein Schild vor seiner Haustüre auf: „Antwort auf 2 Fragen kostet hier 100 Goldstücke".

Sein Nachbar kam bald darauf aufgeregt zu Besuch.

„Nasreddin", rief er, „verlangst du für die Antwort auf nur zwei Fragen tatsächlich einhundert Goldstücke?"

„Ja", antwortete Nasreddin Hodscha. „Und was ist deine zweite Frage?"

# *Wer hat Recht?*

Ein Nachbar kam zu Nasreddin Hodscha und fragte: „Guten Tag, kannst du mir deinen Esel leihen?"

„Das kann ich leider nicht, denn er ist leider gerade nicht zu Hause", war die prompte Antwort.

In dem Moment drang ein lauter Eselsschrei aus dem Stall.

„Nasreddin, du hast gelogen! Der Esel ist ja da", murrte der Nachbar.

„Glaubst du lieber mir, oder meinem Esel?"

# Die Teetasse des Meisters

aus Asien

Ein Zen-Schüler hatte seines Meisters schönste Teetasse zerbrochen.

Als der Meister kam, fand er seinen Schüler sitzen und bitterlich weinen.

„Was hast du denn?", fragte er.

„Ich weine über den Tod", antwortete der Schüler.

„Der Tod gehört zum Leben und du tust gut daran, angesichts seiner Notwendigkeit Gelassenheit zu üben. Des einen Tod ist des anderen Leben. Nichts geht verloren und was endet, gibt anderem Raum für den Neubeginn."

„Danke, Meister", seufzte der Schüler und wischte sich die Tränen weg. „Wie froh bin ich, dass Ihr die Dinge so seht, besonders da vor Kurzem Eure Lieblingstasse gestorben ist."

# Der verkaufte Traum

aus Japan

**In einer kleinen Stadt** lebten vor Zeiten zwei gute Freunde. Sie hießen Mosuke und Jukitschi. Beide trieben Handel und waren oft lange unterwegs. Da sie nicht ohne einander sein wollten, hatten sie sich angewöhnt, ihre Handelsreisen aufeinander abzustimmen. War einer der beiden zum Aufbruch bereit, so wartete er noch, bis der Freund ebenfalls seine Vorkehrungen getroffen hatte.

So waren sie wieder einmal miteinander auf Reisen. Es wurde Abend, aber weder Gasthaus noch Herberge war in Sicht. Also richteten die beiden Freunde sich recht und schlecht unter einem großen Baum für die Nacht ein und entzündeten ein Lagerfeuer. Jukitschi wickelte sich in seinen Mantel, legte sich neben das Feuer und war bald eingeschlafen. Mosuke lehnte sich an den Baumstamm, blickte nachdenklich auf seinen schlummernden Freund und dachte sich: „Hier im Wald kann es wilde Tiere und Räuber geben. Das Beste wird sein, wenn ich wache."

So schürte und hütete er die ganze Nacht das Feuer, dachte über dies und das nach, sang vor sich hin, schmiedete Pläne und blieb erstaunlich munter. Im ersten Morgenschimmer sah er jedoch etwas, das ihn an der eigenen Wachheit zweifeln ließ. Er kniff sich und es schmerzte. Er riss die Augen auf, falls sie nicht schon offen wären, aber es blieb dabei. Er sah dies: Aus dem linken Nasenloch des schlummernden Jukitschi schlüpfte eine Wespe hervor, flog zielstrebig zum nahe gelegenen Hügel, auf dem eine ausladende Kiefer wuchs, umkreiste fliegend den Baum und kehrte dann zu Jukitschi zurück, in dessen Nasenloch sie flink und lautlos wieder verschwand.

Während Mosuke sich noch zweifelnd die Augen rieb, erwachte Jukitschi, reckte sich, streckte sich und schaute sich erwachend um. „Mein Freund, du bist auch schon wach?", rief er. „Stell dir vor, ich hatte einen sehr sonderbaren Traum. Mir war, als läge und schliefe ich und als schlüpfte aus meinem linken Nasenloch eine Wespe. Mir war im Traum, als flöge sie zu jenem Hügel und der Kiefer hinüber, umkreiste sie und summte mir zu ‚Grabe hier, dann findest du einen Schatz‘. Zu komisch, was man im Wald so alles träumen kann.“

„Ich an deiner Stelle würde schleunigst hingehen und den Schatz ausgraben“, riet Mosuke ernst.

„Ach was, Freund, Träume sind Schäume. Ich lasse mich von ihnen nicht zum Narren halten“, lachte Jukitschi und klopfte dem Freund begütigend auf die Schulter.

„In diesem Fall sage ich: Grabe!“, beharrte Mosuke.

„Lieber Mosuke“, meinte der Ausgeschlafene gut gelaunt, „wenn du willst, dann grabe du. Ich schenke dir meinen Traum und all seine Erträge.“

„Hm …“, Mosuke zögerte. „Nein, das wäre nicht recht. Aber wenn du ihn nicht verwerten willst, dann verkaufe mir den Traum. Schätz einmal. Wie viel wird er wert sein … 500 Goldstücke?“

„Nein“, Jukitschi wiegte den Kopf, „so viel nicht.“

„300?“, fragte der Freund.

Der Träumer zögerte: „Wohl schon etwas mehr …“

Schließlich wechselte der Traum mit Handschlag für 420 Goldstücke seinen Besitzer.

Die beiden beschlossen, zuerst ihre geplanten Geschäfte abzuwickeln. Danach wollte Mosuke zurückkehren und den geträumten Schatz ausgraben.

Was die beiden nicht wussten – und auch wir entdecken es ja erst jetzt: Auf der anderen Seite des Baumes hatte ebenfalls ein Reisender gelagert. Es war ein Herr, Kitschiemon mit Namen. Herr Kitschiemon hatte das sonderbare Gespräch belauscht und eilte, sobald die Freunde außer Sicht waren, zur Kiefer, wo er grub und einen Krug mit Gold zutage förderte. Er zerschlug den Krug, packte das Gold ein und eröffnete am Straßenrand gut eine Tagesreise entfernt (und zwar in einer Richtung, aus der die Freunde weder gekommen, noch in die sie gegangen waren) ein Wirtshaus. Dieses wollte aber nicht recht gehen. Die Gäste fühlten sich nicht wohl und sprachen schlecht über den Wirt und über sein Haus. Bald krähte kein Hahn mehr nach diesem Ort und Herr Kitschiemon musste sich einen neuen Lebensunterhalt suchen.

Inzwischen hatten die beiden Freunde ihre Waren erfolgreich an Frau und Mann gebracht, Abschied genommen und waren in verschiedene Richtungen aufgebrochen.

Mosuke, der unter dem Schirm der Kiefer grub, fand die Scherben des Tonkruges. Er drehte sie betrübt in den Händen, da er begriff, dass ihm auf unerklärliche Weise jemand zuvorgekommen war.

Da sah er eingeritzte Buchstaben, fügte geduldig Scherbe an Scherbe und las: „Der erste von sieben." Voll neuer Hoffnung grub er weiter. Er fand sechs Krüge voller Gold, errichtete ein Gasthaus am Straßenrand und nannte es „Zum goldenen Krug und zur guten Freundschaft".

Wer weiß, wie es kam und woran es lag, dass dieses Haus bald überall im Land bekannt war?

Aber eins ist sicher: Schon kurz nach der Eröffnung war es unter den Reisenden überaus beliebt. Man lobte die Küche und die freundliche Stimmung. Man erzählte Geschichten von erfreulichen Erlebnissen und Begegnungen an diesem gesegneten Ort. Es wurde gesungen, gelacht und Freundschaft geschlossen.

Jukitschi, der ein Handelnder und Reisender blieb, kehrte oft bei seinem Freund Mosuke ein. Wer mit ihnen den Reiswein trank, wurde guter Stimmung, breitete seine Geschichte aus, fragte nach „Woher?" und „Wohin?" und bekam erstaunt zu hören, was auch wir soeben vernommen haben.

So reiste die Geschichte vom verkauften Traum durch Raum und Zeit, von Mund zu Ohr. Sie ist unterwegs bis auf den heutigen Tag und vielleicht noch lange ... wenn wir sie fleißig weitertragen.

# Das Glöckchen

aus Japan

Kennt ihr den Tempel hoch auf den Klippen am weiten Meer? Ja natürlich, wer kennt ihn nicht? Dort lebte vor Zeiten ein Mönch, dem eine kleine Glocke gehörte, und diese hat eine besondere Eigenschaft: Ihr Klang macht froh und zufrieden.

Tag für Tag hörte der Mönch das beglückende Läuten des Glöckchens, denn es hing an der dem Meer zugewandten Tempelseite. Es hing unter dem Dach, jedoch so im Freien, dass der leichte Windzug das mit Gebeten beschriebene Papier, das am Klöppel befestigt war, unentwegt in leichtes Schwingen versetzte. So läutete die Glocke tagaus tagein wie von selbst. Sie läutete den Mönch in süßen Schlummer, klingelte leise in seine Träume hinein und begleitete mit frohem Klang sein Erwachen. Manchmal lauschte er ihr bewusst, manchmal wendete er sich anderen Gedanken zu und ließ sich von ihrem Läuten tragen.

In der Stadt am Fuße des Felsens lebte zu jener Zeit ein Mann, der von Beruf Apotheker war. Er hieß Nakamura und war sein Lebtag lang noch niemals froh gewesen. Kummer und Schwermut schienen ihm in die Wiege gelegt worden zu sein.

Als er wieder und wieder vom Mönch und seinem Glöckchen hörte, wurde er neugierig. Eine bis dahin ungekannte Sehnsucht ergriff von ihm Besitz. „Wenn ich dieses Glöckchen hätte", dachte er sich, „dann könnte ich erfahren, wie sich Freude anfühlt. Wer weiß? Die anderen Leute sagen, sie sei angenehm. Vielleicht würde es auch mir gefallen, ein wenig glücklich zu sein. Zumindest ausprobiert haben möchte ich es."

Herr Nakamura machte sich also auf den Weg und dem Mönch seine Aufwartung. Als sie einander in aller Höflichkeit gegenübersaßen, da begann der Apotheker: „Ich habe eine Bitte, ein … Anliegen, eine Frage, auf die du ‚nein' oder ‚ja' antworten kannst, ganz freimütig. Ich habe von deinem Glöckchen und seiner besonderen Eigenschaft gehört. Der Klang soll alle, in deren

Ohren er dringt, froh machen. Wie ist das, froh zu sein? Ich habe es noch nie erlebt, aber ich habe gehört, dass die Leute große Stücke darauf halten. Also ... nun ... würdest du mir dein Glöckchen borgen, nur für einen Tag?"

Im Inneren des Mönches begannen zwei Stimmen lauthals zu streiten. Das war ihm sehr unangenehm. Die eine Stimme schien Hände zu haben, die das Glöckchen umklammerten, verbargen und keinen Moment hergeben wollten. Die andere klang wie die Stimme des Buddha, wie das Rauschen des Meeres, wie die Weite des Sternenhimmels, wie die weiße Leere der Meditation. Sie empfahl, sich an nichts Irdisches zu klammern und dem armen Mann die Glocke zu leihen. „Nur einen Tag lang!", begütigte sie.

Schweren Herzens wandte sich der Mönch dem geduldig wartenden Gast zu. „Einen Tag leihe ich sie dir. Genau einen Tag, hörst du? Morgen Mittag bringst du sie mir zurück."

Mit Dank und Verneigungen nahm Herr Nakamura die Glocke entgegen, versprach, was er versprechen sollte, und ging mit dem Wertstück seiner Wege.

Die Stunden der Prüfung wurden dem Mönch lang. Ohne den wunderbaren Klang schien sein Dasein schal und grau. Er schlief schlecht, erwachte vergrämt und wartete, dass es Mittag würde.

„Bald", versprach er sich und der flehenden Stimme, die in ihm immer lauter wurde, „bald ist es überstanden und alles wird wieder gut."

Zu Mittag stand er vor dem Tempel, blickte ins Tal und glaubte in jedem Schatten den kommenden Apotheker zu erkennen, irrte sich dabei aber gründlich. Eine Stunde nach Mittag rief er seinen Schüler Haro. „Geh zum Apotheker, Herrn Nakamura", trug er ihm auf. „Erinnere ihn an sein Versprechen und bringe unserem Tempel die geliehene Glocke wieder zurück."

Haro verneigte sich und ging. Der Mönch schaute hinterher und übte Gelassenheit.

Haro wusste, wo der Apotheker wohnte. Unterwegs übte er die Worte, die er zu diesem sagen wollte. Er sah das Haus vor sich. Er ging auf den Eingang zu. Da hörte er den Klang der Glocke aus dem Garten und folgte seinen Ohren.

Als er um die Ecke bog und den Garten betrat, erblickte er den Apotheker, der wie ein anderer Mensch aussah. Er wiegte sich zu den Klängen der Glocke, tanzte und hüpfte. Da konnte Haro nicht anders, als mitzutanzen.

Nach einer Stunde war der Mönch das Warten leid. Er rief den zweiten Schüler, Taro, und schickte ihn mit dem Auftrag los, Haro und das Glöckchen zu holen. Aber Taro erging es ebenso wie zuvor Haro.

Als auch Taro nach einer Stunde nicht gekommen war und kein Schüler mehr zur Verfügung stand, da machte der Mönch sich selbst auf den Weg.

Schon bevor er das Haus des Apothekers sah, hörte er den geliebten Klang. Er vergaß Groll und inneres Ringen. Sein Kummer schmolz wie Butter in der Sonne. Als er um die Hausecke bog und Nakamura, Haro und Taro tanzen sah, da ergriff auch ihn die Freude und er tanzte mit.

Ob sie noch immer dabei sind? Das wüssten wir wohl gern. Eine von uns sollte also gehen und nachsehen. Aber wenn sie nicht zurückkehrte? Dann ginge der Nächste und der Nächste und die Nächste …

# *Achmeds Furz*

in Österreich überliefert

Vor langer, langer, gar nicht langer Zeit lebte in einer Stadt ein Mann namens Achmed, der bis dahin nicht viele Freunde hatte, nicht reich war und nichts Besonderes in seinem Leben zustande gebracht hatte.

Umso mehr freute er sich, als er in eines der reichsten und vornehmsten Häuser der Stadt zu einem großen Fest eingeladen wurde. Tage vorher war er aufgeregt, grübelte hin und her, was er als Gastgeschenk mitbringen und was er anziehen solle.

In der Nacht vor dem Fest schlief er kaum, warf sich im Bett hin und her, seufzte und war zugleich freudig erregt. Um den köstlichen Speisen beim Festmahl die entsprechende Ehre erweisen zu können, hatte er vor dem Ereignis tagelang fast nicht gegessen.

Er war einer der ersten, die an der langen Tafel Platz nahmen, schaute neugierig umher und achtete nicht auf seinen knurrenden Magen.

Nach und nach kam die Geselligkeit in Gang. Man aß, trank, plauderte und lachte. Doch Achmed saß stumm da und fühlte sich fremd. Während um ihn herum alle Gäste unbekümmert Speisen aus den Schüsseln nahmen, während sie elegant mit dem Besteck und den Mundtüchern umgingen, fühlte Achmed sich immer mehr fehl am Platz. Was er da sah, wirkte auf ihn so fremd, so vornehm, dass er sich an keine der Speisen heranwagte – bis er endlich eine Schüssel mit Ful entdeckte. Das kannte er: dicke Bohnen mit Zwiebeln, gekocht, gepfeffert, gesalzen, mit etwas Zitronensaft und Olivenöl beträufelt. Erleichtert griff er zu, löffelte große Mengen der vertrauten Speise in seine Schüssel, kostete, seufzte, aß und aß.

Er wurde mutiger, nahm sich etwas und noch etwas zu trinken und beteiligte sich am Gespräch. Er fühlte sich endlich richtig wohl. Es wurde gescherzt. Es wurde gelacht. Leider entstand indessen in Achmeds Gedärm ein unangenehmer Druck. Aber er beschloss, darauf nicht zu achten, denn er wollte dieses Fest in vollen Zügen genießen und nichts davon versäumen.

Er gab einen Witz zum Besten, erntete ein kleines, aber freundliches Gelächter und freute sich an seinem Erfolg. „Ich bin dabei", frohlockte er innerlich. „Ich gehöre dazu. Diese Leute mögen mich. Das ist genau, wie ich es mir gewünscht habe!"

Sein Gegenüber machte einen Scherz, der die allgemeine Heiterkeit auf die Höhe trieb. Achmed war mitten dabei. Sein Bauch bebte vor Lachen. Der Schwung des Gelächters lüpfte ihn ein wenig von seinem Sitz. Und da geschah es. Das gesammelte Gas der Bohnen brach mit lautem Krach aus ihm hervor. Der Geruch verbreitete sich rasch und wer vom Klang dieses prächtigen Furzes noch nicht hellhörig geworden war, der musste spätestens durch seinen Gestank aufmerksam werden.

Alle Augen waren auf Achmed gerichtet, der bis zu den Ohren errötete. Wellen von Spott schwappten über seinem verschämten Blick zusammen. Er floh aus dem gastlichen Haus, hörte hinter sich Rufe und Kichern, rannte durch die Straßen der Stadt, erreichte seine Gasse, sein Haus, sperrte auf, sperrte zu, verkroch sich im Bett und zog sich die Decke weit über die Ohren.

„Du hast es verpatzt!", schimpfte eine innere Stimme und nutzte die Gelegenheit, ihn gänzlich zur Verzweiflung zu bringen. „Jetzt hast du dich wirklich unmöglich gemacht!"

Achmed lauschte in sich hinein, ob da nicht auch jemand für ihn spräche und etwas Tröstliches auf Lager habe. Aber alle inneren Stimmen, die ihn je für etwas gelobt hatten, schwiegen.

Endlich erlöste der Schlaf Achmed von seinem Kummer.

Am nächsten Tag erwachte er spät und trübsinnig. Ihm war, als vernähme er Tuscheln und leises Gelächter vor seinem Fenster. Also blieb er liegen und regte sich nicht. Einen ganzen Tag verbrachte er leidend zuhause, bis die Nacht kam. „Die Zeit wird es schon richten", sprach ihm nun eine freundliche innere Stimme Mut zu, worüber er sich von Herzen freute. „Vieles löst sich, wenn man darüber schläft." Und das tat er.

Der Morgen kam. Achmed sehnte sie nach einem Happen frischen Brotes, zog sich an und trat vor die Haustür. Da sah er jäh die Blicke aller Vorbeigehenden auf sich gerichtet. Als sie ihre Gesichter zu hämischem Lachen verzogen und ihre Hände zum Tuscheln vor die Münder legten, kehrte Achmed auf den Fersen um und verkroch sich neuerlich in seiner Wohnung. Aber er vernahm das amüsierte Flüstern weiterhin. Es schien durch die Fensterritzen, ja, durch die Wände, zu sickern. Also suchte er Zuflucht in seinem Bett und zog sich die Decke über Augen und Ohren. Jeder weitere Versuch, sich anderen Menschen zu zeigen, wurde im Keim erstickt. Achmed lebte von Reis und einem Krug Wasser, den er noch im Hause hatte.

Nachdem nochmals drei Tage vergangen waren, schöpfte er Hoffnung und fasste Mut. Er ging aus dem Haus und zur Bäckerei. Aber als er diese betrat, waren alle Blicke wiederum jäh auf ihn gerichtet. Mit anzüglichem Lächeln bemerkte der Bäcker, er habe kein Bohnenbrot zum Verkauf. Achmed erstarrte. Aber es war noch nicht genug. Ein junger Bursche schaute den Erschütterten an, blickte dann Beifall heischend in die Runde und ahmte ein eindeutiges Geräusch nach. Er tat es zwar mit dem Mund, aber hörbar genug. „Ach", seufzte er, „ich kann es leider nur ganz leise. Und der Geruch fehlt, das ist doch nichts Rechtes. Achmed hingegen ..."

Was weiter gesprochen wurde, hörte der Verspottete nicht mehr, weil er schon Hals über Kopf nach Hause eilte.

Man kann nun vielleicht zugunsten dieser Geschichte und zum Ausgleich für deren Peinlichkeit feststellen, dass es friedliche Zeiten gewesen sein müssen, als all dies geschah. Denn anderenfalls hätten gewaltigere Tagesneuigkeiten Achmeds Furz schnell den Rang abgelaufen.

Tatsächlich änderte sich die Lage auch nach Tagen und Wochen nicht.

Daraufhin fasste Achmed einen Entschluss. Er packte bei Nacht und Nebel seine Habseligkeiten zusammen und reiste ans andere Ende des Landes. Dort ließ er sich nieder und begann einen Handel. Er hatte mehr Erfolg, als es ihm je in seiner früheren Heimatstadt beschieden gewesen war. Er gewann Freunde. Er heiratete glücklich. Achmed und seine Gemahlin waren einander stetig in Liebe verbunden. Sie lebten in gegenseitiger Achtung und mit großer Freude zusammen, begrüßten viele Kinder und Enkel auf der Welt und wurden in Ehren alt und grau. Achmed erzählte seiner Sippe Manches aus seiner Vergangenheit. Nur das Eine nicht. Ganz selten spielte seine Erinnerung ihm einen Streich und spülte das Unerwünschte aus den Tiefen des Gedächtnisses wieder ans Licht. Er aber vergrub es rasch und unbeobachtet wieder, so tief er es vermochte und lenkte seinen Blick auf das Viele, das er sehen wollte.

„Ja, mein Guter", sprach eine zufriedene und klangvolle innere Stimme, „wie gut tatest du daran, damals vor langer Zeit jenen anderen Ort zu verlassen, an dem dein Glück nicht wachsen konnte. Du hast Gespür bewiesen, indem du hierher gefunden und diesen Ort zum Leben gewählt hast. Es war großartig, dass du den Mut hattest, aufzubrechen und jenen unfruchtbaren Ort zu verlassen. Es war gut, dass du den Weg ins Ungewisse beschritten hast. Denn dort hast du Erfolg gefunden." Und Achmed schmunzelte seine Pfeife schmauchend.

Eines Tages jedoch, als Achmed sich bereits zur Ruhe gesetzt und seinen Nachfahren das Geschäft und die Geschäftigkeit überlassen hatte, da meldete sich eine andere innere Stimme zu Wort: „Erinnerst du dich noch", sprach sie wehmütig, „an die Gassen, in denen du deine Kindheit verbracht hast? Spürst du noch, wie es war, frisch und unbeschwert in die Welt zu gehen, so, wie du es heute deine Enkelkinder tun siehst? Es wäre doch schön, den Marktplatz wiederzusehen, auf dem du als Bub Geschichten hörtest. Fatime, die Marktverkäuferin schenkte dir einen Apfel und du glaubtest fest, es sei der Apfel des Lebens, von dem du zuvor in einem Märchen gehört hattest. Bestimmt ist in den altvertrauten Straßen noch etwas vom Zauber deiner Kindheit erhalten."

Und eine andere Stimme ergänzte: „Mach dich auf den Weg, Achmed, du Mutiger, der weiß, wann es gilt, eine Reise zu wagen."

Er erklärte seinen Lieben, er werde eine Weile abwesend sein, nahm Abschied und segnete sie. Dann brach er auf, wanderte geduldig durch das ganze Land und erreichte endlich sein Ziel, wo er die Straßen durchschritt und von einer Fülle kleiner und größerer Erinnerungen begrüßt wurde. Vieles war erstaunlich unverändert. Aber an einer Stelle hielt er inne und verfiel ins Grübeln.

Endlich wandte er sich an eine zahnlose Alte, die auf einer nahen Türschwelle saß. „War an dieser Stelle nicht das große Haus mit der Werkstatt der Töpferfamilie? Lebten sie nicht seit Generationen an dieser Stelle? Diese drei kleinen Häuser, seit wann gibt es sie?"

„Lasst mich nachdenken ... die Töpferfamilie ... ja wirklich, sie lebten hier. Es gab einen Brand, einen riesigen Brand. Das Töpferhaus brannte nieder bis auf die Grundmauern. Bald danach wurden die drei kleineren Häuser gebaut."

„Ach", staunte Achmed, „und wann war das?"

„Hm", sinnierte die Alte, „wann war der große Brand? Wartet, ich hab es gleich. Ach ja, genau drei Jahre nach Achmeds Furz."

Es scheint, dass Achmed sich nicht freute, an jenem Tag mit seinem Missgeschick, das damals schon lange zurück lag und nun, da wir davon erfahren, noch viel weiter zurückliegt, unfreiwillig und ohne es zu wissen, eine neue Zeitrechnung begründet zu haben.

So ist es manchmal auf der Welt, dass Menschen den Ertrag ihrer wirksamsten Taten nicht zu ernten vermögen.

# Ein Papagei –
# gefangen und frei

in den USA überliefert

Ein Mann hatte gehört, es gebe im Wald eine bestimmte Art Vögel, die seien sehr schön bunt und außerdem so klug, dass sie mit etwas Geduld sogar ein paar Worte menschlicher Sprache nachahmen könnten.

Der Gedanke daran ließ ihn nicht los und so machte er sich auf den Weg ins Dickicht, fand und fing tatsächlich einen wunderschönen Papagei, trug ihn nach Hause und setzte ihn in den vorbereiteten Käfig.

Stunde um Stunde starrte der Mann den Vogel an und sprach überdeutlich, was er von ihm wiederholt bekommen wollte: „Lora!"... „Lora!"... „Lora!"... „Braver Junge!" ... „Komm, mein Guter!" ... „Na los, auf geht's!" ...

Es dauerte lang, aber der Vogelfreund war geduldig und hoffte auf großen Erfolg. Der Papagei jedoch schaute nur stumm vor sich hin.

Erst als der Mann zu sprechen aufgehört hatte, öffnete der gefangene Vogel den Schnabel.

„Meine Freunde, meine Verwandten, meine Familie dort draußen im Wald", schnarrte er so wehmütig, dass es fast wie ein Seufzen klang, „sie wissen nicht, was aus mir geworden ist. Sie müssen das Schlimmste befürchten. Wenn du hingehen und ihnen sagen würdest, dass ich gesund bin, dass ich Wasser und Körner habe, sogar einen Wetzstein für meinen Schnabel, wenn du ihnen sagst, dass ich hier bei dir im Käfig sitze und noch lebe, dann wären sie beruhigt und ich auch."

Dem Vogelliebhaber standen Augen und Mund vor Staunen offen, bis er endlich hauchte: „Ja, ja, natürlich, mein Freund."

Er stand auf und ging in den Wald, um den Auftrag auszuführen. Unterwegs murmelte er vor sich hin: „Ich hatte ja keine Ahnung, dass Vögel so feinfühlig sein können!"

An der Stelle, an der er seinen Papagei gefangen hatte, stellte er sich hin und begann ins Gezweig hinein zu erzählen, was dieser ihm aufgetragen hatte. Eine Menge Vögel versammelten sich und schienen zu lauschen. Da fiel auf einmal ein großer, alter Papagei, der dem gefangenen Vogel ähnlich sah, starr vom Ast. Der Mann erschrak und machte sich auf den Heimweg.

„Das sah wie ein Schock aus", murmelte er vor sich hin. „Unglaublich, dass Vögel so feinfühlig sind!"

Nach Hause zurückgekehrt, erzählte er seinem Vogel, was geschehen war. Der lauschte, wurde starr und fiel jäh von der Stange. Reglos blieb er im Käfig liegen.

Erschrocken öffnete der Mann den Käfig und nahm das Tier in die Hand. Er dachte, der Papagei werde durch die Berührung aus seiner Ohnmacht erwachen, aber der Körper blieb steif und leblos.

„Wenn ich gewusst hätte, dass Vögel so feinfühlig sind …“, murmelte er und begriff, dass da nichts mehr zu machen war. Er beschloss, das arme Tier in allen Ehren im Garten zu beerdigen, und weil es ihm unangenehm war, den toten Vogel durch den Hausflur zu tragen, legte er ihn aufs Fensterbrett. Dann ging er hinaus ins Freie, trat unters Fenster und streckte den Arm hinauf. Aber als er an die Stelle griff, an der er den Leichnam seines Papageis abgelegt hatte, da fasste er ins Leere.

Der Papagei war inzwischen auf dem Flug nach Hause in den Wald. „Ich wusste doch“, dachte er erleichtert, „dass mein Onkel immer einen guten Rat auf Lager hat.“

# Des Königs Pferd –
# des Königs Narr

in Österreich überliefert

Es war einmal ein König, der gerne ritt und schöne Pferde über alles schätzte. Er besaß einen großen Stall und eine Pferdezucht. Dort und im Reitsattel verbrachte er so viel Zeit, wie er nur konnte. Eines Tages beobachtete er sein liebstes Reitpferd, als es auf der Koppel herumlief. Er erfreute sich an dessen Anmut und Kraft. Er zeigte seinen Begleitern diese und jene Wendung des edlen Tieres, und wurde so sehr von Begeisterung ergriffen, dass er sprach: „Dieses Pferd ist wunderbar! Es ist mehr wert als alle anderen. Sollte mir eines Tages jemand sagen, dass diesem Pferd etwas zugestoßen ist, so müsste er dafür sterben."

Ein Zittern ergriff die Herzen aller, die das gehört hatten, denn des Königs Wort muss gelten, selbst wenn er es eines Tages bereuen würde.

Besonders erschrocken war der Stallknecht, der mit der Pflege des Tieres betraut war. Er tat von da an alles, was in seiner Kraft stand, um das Pferd zu hegen und zu pflegen, gab ihm das beste Futter, den besten Platz im Stall, bewegte, striegelte und pflegte es wie ein Kleinod.

Das Pferd lebte lang und froh. Es wurde sehr alt. Und eines Tages kam es, wie es kommen musste. Der Stallknecht betrat morgens den Stall und fand das Pferd verendet in seiner Box liegen. Gramgebeugt ging er hinaus, setzte sich auf die Schwelle zum Stall und grübelte.

„Ei, guten Morgen, Freund!", ertönte nach einer Weile die Stimme des Hofnarren. „Warum sitzt du da wie dreizehn Tage Regenwetter?"

„Es ist passiert", seufzte der Stallknecht mit rauer Stimme und deutete in den Stall hinein.

„Das Pferd des Königs ...?", fragte der Narr. Und der Stallknecht nickte.

Der Narr setzte sich neben ihn. Beide schwiegen.

Auf einmal sprang der Narr auf: „Ich gehe zum König und sage es ihm!"

„Das willst du tun?", der Stallknecht war fassungslos. Der Narr aber blieb dabei.

Als er vor den König trat, war dieser bester Laune: „Hallo, mein lieber Narr. Na, hast du mir was Neues zu erzählen?"

„Ja, Majestät!", stieß der Narr mit verhaltenem Entzücken hervor.

„Was denn?"

„Euer liebstes Pferd."

„Was tut es denn, das edle Tier?" „Majestät! Es tut etwas ganz Neues, Wunderbares, noch nie da Gewesenes."

„Ja, was denn?"

„Majestät, es frisst nicht."

„Ja, und?"

„Und es trinkt nicht."

„Naja, aber was ist das Wunderbare?"

„ Majestät, es atmet auch nicht!"

„Narr, Du willst doch nicht etwa sagen, dass mein Pferd tot ist!"

„Majestät, das habt jetzt Ihr gesagt."

# Die gerupfte Gans

aus der Türkei

Der berühmte Kalif Harun-al-Raschid ging eines Tages, wie er es oft tat, mit seinem Wesir durch die Straßen seiner Hauptstadt. Beide waren als einfache, aber respektable Kaufleute gekleidet, um unerkannt zu bleiben. Da sah er eine junge Frau am Fenster eines Hauses und begann ein Gespräch mit ihr. Sie lud die beiden Herren ins Haus zu einer Erfrischung ein. Bald darauf saßen sie bei Tee und Baklava zusammen.

„Mädchen", begann der Kalif, „bist du ganz allein zu Hause? Wo ist denn dein Vater?"

„Mein Vater", sprach die junge Frau anmutig, „ist ausgegangen, um aus Wenigem Vieles zu machen."

„Und deine Mutter?", fragte der Kaufmann weiter.

„Sie ging, um aus einem zwei zu machen", sprach die Gastgeberin freundlich.

Der Kalif nickte. Der Wesir rückte unruhig auf seinem Sitz hin und her. Ungerührt fuhr der Kaufmann, der Kalif fort:

„Mädchen, dein Haus gefällt mir ... aber der Rauchfang ist ein wenig schief."

„Ja", stimmte sie zu, „der Rauchfang ist schief, aber der Rauch steigt gerade auf."

„Mädchen", sprach der verkleidete Kalif, „wenn ich dir eine Gans schickte, wüsstest du sie zu rupfen?"

„Gewiss, Herr", versicherte sie, „das kann und werde ich tun."

Nach einer Weile verabschiedete sich der Kalif mit höflichen Worten. Er trat mit seinem Wesir auf die Straße hinaus. Während sie zwischen den wimmelnden Menschen dahin schritten, wurde der Wesir immer ungehaltener, bis er vorwurfsvoll rief: „Majestät, als Euer Wesir muss ich euch ins Gewissen reden. Es ist meine Pflicht, Herr!"

Mit freundlicher Erwartung blickte der Kalif ihn an.

„Ihr müsst aufhören, Euch mit dem Volk gemein zu machen!", eiferte der Wesir. „Ihr habt Wichtigeres zu tun. Als Beherrscher der Gläubigen dürft Ihr Eure Zeit nicht mit wirrem Gerede verschwenden. So reizend dieses Mädchen auch sein mag, Ihr habt Pflichten, Herr."

„Dir erschien unser Gespräch also unsinnig?", fragte der Kalif und blickte wie eine lauernde Schlange.

Der Wesir, wenngleich er diesen Ausdruck kannte, war zu erbost, als dass er Vorsicht hätte walten lassen und fuhr ungebremst fort: „Kompletter Unsinn, Majestät. Als Euer Wesir habe ich die Pflicht, Euch zu mahnen."

„Wenn du den Sinn meines Gesprächs mit dem Mädchen nicht zu erkennen vermochtest, so zweifle ich, wozu du mein Wesir sein solltest. In drei Tagen wirst du bei mir vorsprechen und mir berichten, welche Weisheit mein Gespräch mit jenem Mädchen aus dem Volk enthielt. Anderenfalls bist du mein Wesir gewesen." Damit wendete er und ging in raschen Schritten Richtung Palast davon.

Benommen blieb der Wesir zurück, taumelte dann zu seinem eigenen Haus, in dessen vornehmer Ruhe er zu grübeln begann.

„Also - aus Wenigem Vieles machen, wie kann das gehen? Vielleicht wenn ich mit meinem Vermögen spekuliere, dann wird das Geld mehr … Aber nein, da muss es ja von anderswo kommen. Zwar wird mein Geld mehr, wenn es gelingt, aber dafür wird das Geld anderer weniger". Der Wesir strich sich seufzend über das Gesicht und überlegte weiter: „Wie kann etwas wirklich mehr werden? Und wie soll es möglich sein, aus einem zwei zu machen? Was ich auch nehme, wenn ich es teile, werden es zwei Hälften, aber nicht zwei Ganze … vielleicht wie bei einer Kerzenflamme, da werden aus einer auch zwei ganze Flammen, aber die Mutter des Mädchens wird ja wohl keine Brandstifterin sein." Er schüttelte den Kopf. „Ein schiefer Rauchfang, gerade aufsteigender Rauch, eine Gans … Wo soll das alles sein?" Der Wesir grübelte und grübelte, kam auf keinen grünen Zweig, wurde immer nervöser, weil ihm die Zeit davonlief, und schwankte zwischen Angst, Wut und Schlaflosigkeit.

Und eh er sich's versah, stand das Ende des dritten Tages bevor. Die einzige Lösung, die er fand, erfüllte ihn mit grimmiger Entschlossenheit. Er packte seinen Geldbeutel, ging zum Haus des Mädchens und klopfte an. Als sie öffnete und fragte, was er wünsche, murrte er: „Ich habe einige Fragen und brauche Antworten dazu."

Die junge Frau erkannte ihn wieder. „Jede Antwort, die ich Euch gebe, kostet hundert Goldstücke", erklärte sie.

Der Wesir zählte vierhundert Goldstücke auf den Tisch und räusperte sich.

„Wie macht man aus Wenigem Vieles?", fragte er.

„Ganz einfach: Mein Vater ist Bauer. Er ging, um das Feld zu bestellen, säte Samen aus, und schaut nur an, was geschehen sein wird, wenn er zur Ernte geht."

„Und aus einem zwei machen, wie soll das gehen?"

„Meine Mutter ist Hebamme und war zu einer Geburt gegangen."

Der Wesir seufzte. „Das Haus", stieß er hervor, „der schiefe Rauchfang, der Rauch, der gerade aufsteigt ...?"

„Der Herr, mit dem Ihr hier wart, meinte, mein Haus gefalle ihm. Denn mein Körper ist doch das Haus, in dem meine Seele wohnt. Der Rauchfang ist, wie unser Blick, eine Öffnung nach außen. Er bemerkte also, dass ich ein wenig schiele. Damit hat er Recht. Aber ich sehe dennoch sehr scharf, so wie der Rauch auch aus einem schiefen Rauchfang gerade aufsteigt."

„Nun gut", knurrte der Wesir. „Und die gerupfte Gans?"

„Die Gans", erwiderte die junge Frau und strich das Geld ein, „seid ihr."

Der Wesir stutzte. Dann erfasste ihn eine seltsame Ruhe. Sie war ein Gemisch aus der Erleichterung, sein Amt und sein Leben behalten zu können und dem jähen Verstehen, welches Spiel mit ihm gespielt worden war.

Geläutert schritt er durch die Straßen der Stadt, erreichte den Palast des Kalifen, trat vor diesen – mitsamt der Lösung des Rätsels – hin und begann eine neue Ära seines Wirkens.

# Der Wunsch der Wahrheit

in den USA überliefert

Es war einmal eine Frau, die hatte schon manches erlebt und manchen Schritt getan in der Welt. Eines schönen Tages überkam diese Frau eine heftige Sehnsucht nach der Wahrheit. Wie aus heiterem Himmel kam ihr alles, was sie bisher an Wahrheiten gehört und erlebt hatte, klein und schal vor. Aber sie sah eine Wahrheit vor sich, die ihr schön, groß und strahlend erschien.

Und damit wird sie zur Heldin dieser Geschichte, denn sie vertraute ihrer Vision, brach auf, wanderte auf Straßen und Stegen, in Gassen, auf Wegen, bergauf und bergab, durch Wiesen und Wälder, Wüsten und Felder.

Nach langer Zeit gelangte sie auf einen hohen Berg. Knapp unter dem Gipfel fand sie eine Höhle, die sie betrat. Jemand wohnte hier, das war gleich zu erkennen. Die Suchende sah eine Gestalt im Halbdunkel.

„Guten Tag", sprach sie höflich. „Ich bin eine Reisende auf der Suche nach der Wahrheit".

„Wie schön für dich", antwortete die Bewohnerin der Höhle. „Denn du hast mich gefunden. Das bin ich".

Da freute sich unsere Heldin und erwartete neugierig, die Ersehnte zu sehen. Ins Dämmerlicht der Höhle fiel ein breiter Streifen Tageslicht. Aber als die Wahrheit in diese Helligkeit trat und sichtbar wurde, wie erschrak die Frau da. „Igitt", dachte sie und gab sich Mühe, sich nichts anmerken zu lassen. „Ist die aber hässlich!"

Dennoch blieb sie bei der Wahrheit, Tage, Wochen, Monate lang und lernte diese sehr gut kennen. Mit der Zeit jedoch wuchs ihre Lust, wieder heimzukehren. Also sprach sie eines Tages zu ihrer Gastgeberin: „Meine Liebe, ich bin sehr froh, dass ich so lange hier bei dir sein durfte. Herzlichen Dank dafür. Doch jetzt möchte ich zurück in die Welt zu den anderen Menschen und von dir und deiner Höhle Abschied nehmen."

„Ja", antwortete die Wahrheit, „das verstehe ich."

„Also, leb wohl", sagte die Frau.

„Moment!", rief die Wahrheit. „Wenn du zu den Menschen zurückgehst, dann habe ich eine dringende Bitte an dich."

Staunend stellte die Frau fest, dass ihre Freundin, als sie so sprach, irgendwie verlegen wirkte. Sie nickte ihr ermutigend zu.

„Wenn du den Menschen von mir erzählst", fuhr die Wahrheit fort, „sage ihnen bitte, dass ich wunderschön bin."

# Der Wünschebaum

in Frankreich überliefert

**Ein Mann kam in einen Wald.** Er war schon lange unterwegs gewesen und daher erschöpft. Also setzte er sich zum Ausruhen unter einen Baum. Er schaute und sann vor sich hin.

Da ging ihm ein Gedanke durch den Kopf: „Wäre das fein, jetzt etwas zu essen zu haben, ein gebratenes Huhn mit Erbsen und Reis!"

In diesem Moment stand, wie aus dem Nichts heraus, das Gewünschte vor ihm. Der Mann freute sich und speiste.

„Ich habe Durst", dachte er dann. „Ich hätte gerne ein kühles Bier!"

Schwupp! – schon stand es vor ihm.

Der Baum, unter dem er Platz genommen hatte, war nämlich ein Wünschebaum.

Behaglich lehnte der Mann sich zurück und seufzte: „Ach, hätte ich jetzt ein feines, bequemes Bett! Da würde ich mich freuen!"

Und – schwupp! – fand er sich in einem schönen weichen Bett wieder, das frisch bezogen war.

Er kuschelte sich hinein und versank in einen wohligen Dämmerschlaf. Er hörte die leisen Geräusche des Waldes, das Ästeknacksen, die Stimmen kleiner Tiere, das Blätterrauschen und ehe er gänzlich in den Schlaf sank, dachte er: „Hoffentlich kommt, wenn ich hier liege und schlafe, kein Tiger und frisst mich auf!"

Sobald er schlief, kam ein Tiger und fraß ihn auf.

# Ein begabter Großwesir

im deutschsprachigen Raum überliefert

**Es war einmal ein Sultan,** der liebte Kunstfertigkeiten jeder Art. Eines Tages hatte er mit seinem Großwesir eine ausgezeichnete Märchenerzählerin gehört. Ganz ergriffen war er vor Begeisterung. „Welch Talent! Was für eine Begabung!", rief er ein ums andere Mal aus. Nach einer Weile wurde dies dem Wesir zu viel: „Edler Sultan, allein durch Begabung lässt sich eine solche Leistung nicht erbringen. Dazu gehört hartes Training, Auseinandersetzung mit einer Kunst und Übung!"

Der Sultan geriet über diese Widerrede außer sich und ließ den Wesir in einen einsamen Turm sperren.

„Als Gesellschaft", so befahl er, „bekommst du einzig ein Kalb, damit du jederzeit vor Augen hast, wie dumm du bist."

Tage, Wochen, Monate vergingen. Endlich ließ der Sultan den Turm öffnen. „Jetzt wird dieser Kerl, der es gewagt hat, mir zu widersprechen, doch Zeit zum Nachdenken gehabt haben", dachte er sich.

Der Sultan bückte sich, um unter dem niedrigen Türbogen durchzukommen, und richtete sich drinnen wieder auf. Der Wesir trat ihm gegenüber. Auf seinen ausgestreckten Armen trug er einen ausgewachsenen Stier. Noch nie zuvor waren dem Sultan die prächtigen Oberarmmuskeln seines Würdenträgers aufgefallen. Sie waren eines Ringers oder Akrobaten würdig. Mit vollendeter Gelassenheit stemmte der Wesir das unsägliche Gewicht des massigen Tieres. Als der Sultan dieses Schauspiel sah, klatschte er vor Entzücken in die Hände. „Fabelhaft!", jubelte er. „Welch Talent, welche Begabung!"

Der Wesir setzte den Stier behutsam ab, während vor seinem inneren Auge Erinnerungen an die lange, einsame Zeit im Turm vorüberzogen. Er sah das stetige Wachstum des Stieres und seine eigene immerwährende Mühe, seine Kräfte diesem Wachstum anzupassen. Er sah Momente des Triumphs und Momente des Versagens.

„Edler Sultan", schmunzelte er, „das war Übung."

# Geschichten hinter den Geschichten

Jede der hier verschriftlichten Geschichten habe ich mündlich viele Male erzählt. Einige davon hatte ich ursprünglich in Büchern gefunden, andere von Kolleginnen und Kollegen, Seminarteilnehmerinnen und -teilnehmern gehört.

Um sie selbst erzählen zu können, lernte ich die Geschichten anhand ihrer eigenen Logik, erspürte ihren „roten Faden" und machte mir, indem ich mir die Szenerien und Personen genau vorstellte, eine Art „inneren Film". Bei jedem mündlichen Erzählen kleide ich die Bilder dieses „Filmes" neu, einmalig und vergänglich in Worte. Immer wieder kann dabei etwas auftauchen, das sich für mich nicht ganz stimmig anfühlt und das ich sorgfältig und rücksichtsvoll variiere. Auch die Zuhörenden formen mit ihren ganz speziellen Reaktionen, Fragen und Kommentaren den Erzählstoff mit. In Seminaren spielen wir Szenen aus den Geschichten nach. So werden sie für mich lebendig. Ich setze sie in thematische Zusammenhänge, dabei entdecke ihre Facetten und Anklänge. Unter all diesen Einflüssen findet eine organische, fließende Veränderung statt.

Wenn ich eine Geschichte oft erzählt habe, ist sie mir vertrauter geworden. Sie klingt dann ganz anders, als wenn ich sie gerade neu gelernt habe. Der Austausch mit anderen Erzählerinnen und Erzählern zeigt, dass es ihnen genauso geht. Die Geschichten transformieren sich also, wenn sie von Mund zu Ohr wandern. Daher können sie in vielen Varianten und Versionen schriftlich zu finden sein, je nachdem wann, wo, warum und wie sie vom Wortklang in Buchstaben verwandelt wurden.

Die Geschichten in diesem Buch habe ich fast alle hundert Mal oder öfter mündlich erzählt. Da sie aus der mündlichen Tradition stammen, können wir vertrauen, dass „Es (mindestens) 1001 Mal war", denn vor mir haben bereits unzählige mündlich erzählende Kolleginnen und Kollegen sie zu Zuhörenden gebracht. Auch wenn ich sie nun aufgeschrieben habe, bleiben diese Geschichten in meinem Repertoire, werden weitererzählt, sind lebendig und verändern sich weiter. Wer sie erzählt, trägt dazu bei, dass „Es" eines Tages „1003 Mal" oder sogar „10.001 Mal" gewesen sein wird.

## *Die Quellen,* aus denen ich die Erzählstoffe ursprünglich schöpfte, habe ich hier zusammengestellt, soweit sie noch auffindbar waren. Einige Querverweise und Parallelen aus dem großen Geflecht der Welt-Geschichten erwähne ich. Viele bleiben hingegen noch zu entdecken.

### Erzählen wirkt Wunder

**Der Geist der Erde** *aus Afrika*
Quelle: Mária Kosová & Vladislav Stanovský: Afrikanische Märchen (Artia Verlag, Prag, 1970) unter dem Titel „Die ersten Menschen"

**Dschinroku** *aus Japan*
Quelle: Miroslav Novák & Zlata Černá & Jaroslav Šerých: Japanische Märchen und Volkserzählungen (Artia Verlag, Prag, 1970) unter dem Titel „3.333.333 Eicheln"

**Der weiße Wolf** *aus dem deutschsprachigen Raum*
Quelle: Erich Ackermann (Hrsg.): Märchen von Zwergen (Fischer Taschenbuch, Frankfurt am Main, 1995; Fischer Reihe „Märchen der Welt")

**Mushkil Gusha** *aus Persien*
Quelle: Philip Neil: Marchen aus aller Welt (Dorling Kindersley, München, 2001)
Der in Wien lebende persische Geschichtenkenner und Musiker Nariman Hodjati erzählte mir, es gebe verschiedenste Mushkil Gusha-Geschichten, in denen der Name aber keine Person, sondern eine spezielle Nuss- und Trockenfrüchtemischung bezeichne. Er erzählte in groben Skizzen einige Episoden zu Mushkil Gusha, von denen es, so sagte er, noch viel mehr gäbe. Diese werden in der mündlichen persischen Erzähltradition entweder zu einer längeren Geschichte kombiniert oder als kurze einzelne Erzählungen dargeboten. Drei dieser Motive kommen in „meiner" Erzählung vor: die farbigen Steine, die sich als kostbar erweisen, die Hilfe durch einen durchreisenden Unbekannten und die geradezu „magische" Wirkung der Erzählung.

Parvis Mamnun, ein aus Persien stammender Wiener Erzähler (www.parvismamnun.at), bestätigte mir die Nussmischung und den Namen. In Reza Maschajechis Buch „Persische Märchen" (Edition Maschajechi, Nürtingen, 2011; www.reza-maschajechi.de) wird eine Mischung von Nüssen und Rosinen, Datteln und Halwa namens „Ajil-e Moshkel-gosha" (übersetzt: „Wunsch erfüllende Nüsse") beschrieben, die am Donnerstagabend vor der Moschee von Reichen an Hilfsbedürftige verteilt werden.

### Unsere Sonne *aus England*

Diese Geschichte las ich, in Kürzestform (ca. drei Sätze lang), als Motto eines Musikstückes von Henry Cowell, das Karen Schlimp (www.pianomobile.at) vor einem unserer gemeinsamen Auftritte übte. Auf meine Frage hin recherchierte sie freundlicherweise folgende Hintergründe:

„Herosun" wurde 1922 komponiert und ist das zweite Stück in der Reihe „Three Irish Legends according to John Varian". Der den Noten vorangestellte Kurztext erklärt, es gehe um keltische Schöpfungsmythen. Es heißt, der junge Komponist habe in der New-Age-Szene den Dichter kennen gelernt, da beide in denselben „Tempel" gegangen seien. Varian habe Cowell vorgeschlagen, Stücke über den Kampf zwischen Licht und Dunkel zu schreiben. So entstand das Zusammenspiel der Märchen mit zeitgenössischer Musik.

Beim Pflegen und Wachsenlassen des kleinen Geschichtenkeimes trat die List der Götterbotin, die das Erzählen als Kommunikations-Tool gekonnt einsetzt, immer mehr ins Zentrum des Geschehens – frei nach dem Motto: „Erzählen erleuchtet".

## Woher kommt das Brot?

### Das Mädchen, das für Brot am besten log *nach einem griechischen Motiv*

Quelle: frei gestaltet nach einem griechischen Motiv aus „Die Geschichte vom größten Lügner aller Zeiten" in Helga Gebert: Die sieben Söhne – Märchen der Männer (Beltz, Weinheim und Basel, 1991)

Das Motiv des unehrlichen Bartlosen lässt sich in den Traditionen vieler vorderasiatischer Völker in verschiedensten Varianten finden.

Als Erzählerin bekomme ich oft zu hören: „Danke, Sie brauchen mir kein Märchen zu erzählen. Von den Politikern höre ich ja jeden Tag genug Lügen." Dann versuche ich, den Groll, der mir dabei im ersten Moment hochsprudelt, zu „verdauen". Wenn es mir gelingt, sage ich dann mit Leichtigkeit und Anmut: „Aber Märchen sind ja wahr". Und schmunzle wissend. Gelingt das Spiel in dieser Begegnung? Kommt mein Überzeugt-Sein an? Oder genügt es immerhin mir selbst?

Mir scheint, dass manche Leute die starken Märchenbilder, die emotional und unmittelbar wirken, als bedrohlich erleben und sie schlecht machen, um sich vor ihnen zu schützen.

Dies jedoch ist ein Lügenmärchen, eine Geschichte, die mit der Unwahrheit Arm in Arm tanzt. Sie lächelt über die Verwirrung der Widersprüche und ihrer Glaubwürdigkeit. Sie lockt uns in eine irreale Welt. Ironisch relativiert sie Wahrheit und Lüge. Diese Erzählung weiß viel über die spielerische Qualität des mündlichen Erzählens. Sie lebt von der Lust an unerwarteten Wendungen. Im Idealfall erleben die Zuhörenden dabei einen Taumel von Realität und Täuschung, ein Vergnügen, ähnlich dem einer Karussellfahrt.

Die schmunzelnde Weisheit dahinter: Klammere dich nicht an die Wirklichkeit. Gib es auf, es sicher wissen zu wollen. Lass dich von den Wogen des Geschehens tragen und genieße den Schwung!

In der Erzählrunde ermöglicht diese Geschichte einen erholsamen Ausstieg aus Verstehenwollen und Sicherwissen.

**Rettung mit dem Löffel** *aus Japan*

Quelle: Anita A. Johnston: Eating in the Light of the Moon (Gurze Books, Carlsbad USA, 1996)
In der Fassung von Arlene Mosel heißt diese Erzählung „Die kleine Lachfrau" (St. Gabriel, Mödling, 1993) und darin ist der Wendepunkt das Lachen der fliehenden Frau.

Weil ich allerdings den Moment, in dem die Köchin die Gier ihrer Entführer als Werkzeug ihrer Rettung nützt, so faszinierend finde, habe ich die Geschichte an anderer Stelle unter dem Titel „Gier gewendet" aufgeschrieben.

Viele Volksmärchen haben, weil sie aus der mündlichen Überlieferung stammen, keinen verbindlichen Titel. Ein solcher wird nur in der schriftlichen Tradition benötigt.

**Im Handumdrehen satt** *Romaerzählung*

Das Wort „Zigeuner" ist umstritten und führt uns in eine seit Jahrhunderten laufende Kontroverse. Das Wort wurde einerseits romantisiert, andererseits zur Diskriminierung und Unterdrückung bis hin zur Ermordung der Betroffenen verwendet.

Ich habe mich mit diesem Problem nicht akademisch, aber in meiner Eigenschaft als Erzählerin beschäftigt. Als solche bin ich bemüht, respektvoll und angemessen mit den Menschen und Völkern, mit denen meine Geschichten zu tun haben, umzugehen.

Ich orientiere mich bei der Entscheidung, das „politisch nicht korrekte" Wort zu verwenden, an wirklichen Personen, denen ich begegnet bin oder von denen mir erzählt wurde.

Der Erzähler, von dem ich diese Geschichte hörte, Ilija Jovanovič, gehörte den Roma an (und arbeitete im „Romano Centro" in Wien mit), verwendete aber erzählend selbst das Wort „Zigeuner". Ich vermute, dass ihm die „politisch korrekte Sprechweise" künstlich erschien und er deshalb lieber das altvertraute Wort „Zigeuner" wählte, da es im positiven und negativen Sinn stark ist. (Aus seinen Erzählungen hat sich mir unter anderem die Redewendung „wie es in der Zigeunerwelt üblich ist" bezüglich des Eingreifens der Sippe in den Ehestreit eingeprägt.)

Dass ich die Geschichte von ihm gehört habe, gibt mir zwar nicht direkt das „Recht", es wie er zu machen, aber ich betrachte die Verwendung „seines Wortes" als Reverenz an ihn, von dem ich die Geschichte habe. Ilija Jovanovič erzählte mir diese Geschichte 1994 im Rahmen der Vorarbeiten eines Projektes für die Interkulturelle Lernbetreuung (IKL). Wahrscheinlich hörte er sie von Fatima Heinschink (Wien), mündlich aus dem Geschichtenschatz der Roma überliefert.

Bei einer interkulturellen Veranstaltung lernte ich Jan Pressler von „Vida Pavlovic", einem weiteren Wiener Roma-Verein (www.vida-pavlovic.com) kennen, der mir erklärte, es gebe über die Gruppierungen  der Sinti und Roma  hinaus noch etliche andere Volksgruppen, die mit „Zigeuner" ebenfalls gemeint seien. Ich finde es unbefriedigend, dass diese beim „politisch korrekten" Begriff vergessen und verschwiegen werden.

Eine Fachfrau für Menschenrechte erzählte mir, sie habe Roma und Sinti kennen gelernt, die beim Hören des Wortes „Zigeuner" heftigen Zorn zeigen. Ich bin sicher, sie haben ihre Gründe.

Ich sehe das Wort in diesem Spannungsfeld und halte mich an die Quelle, aus der ich die Geschichte habe. Ich tue dies im Wissen, dass ich das große Problem, für das das Wortproblem symbolisch steht, nicht aus der Welt schaffen kann, und bleibe offen für bessere Lösungen.

### Sven, mein Knecht! *aus Schweden*

Quelle: Ulf Diederichs (Hrsg.): Unter dem Märchenmond. Lieblingsmärchen aus aller Welt (Droemer und Knaur, München, 1996) unter dem Titel „Lasse mein Knecht"

Dieses schwedische Märchen erzählt vom unsichtbaren Knecht Lasse. Der Name „Lasse" ist in unseren Breiten nicht geläufig und stiftet (besonders im Zusammentreffen mit dem deutschen Verb „lassen") beim Lesen unnötig Verwirrung. Daher wurde er in dieser Schriftversion durch den bekannteren, ebenfalls nordisch klingenden „Sven" ersetzt. Wir hoffen, dass Lasse damit einverstanden ist.

### Wie König Cathal gesunderzählt wurde *aus Irland*

Quelle: Hans-Jörg Uther (Hrsg.): Märchen vom Essen und Trinken (Fischer Taschenbuch, Frankfurt am Main, 1993; Fischer Reihe „Märchen der Welt")

Diese keltische Erzählung habe ich bei mehreren Gelegenheiten mündlich gehört und in verschiedenen Büchern gefunden. Anders als bei Zaubermärchen, die typisieren und weder Ort noch Personen genauer benennen, wird diese Geschichte üblicherweise mit Nennung von Namen und Orten erzählt. Die Inhalte der Geschichte vom Fressland und die Gründe, aus denen des Königs dramatische Heilung gelingt, liegen in der Entscheidung der jeweiligen Erzählenden, aber McConglinney und Cathal, der König von Munster, gehören dazu wie Mehl und Ei zum Kuchen.

**Gevatter Tod** *aus Deutschland*

    Quelle: frei nach dem Grimm-Märchen „Der Gevatter Tod" (KHM 44) in: Kinder- und Haus-
märchen, gesammelt durch die Brüder Grimm (Winkler, München, 1984)
Dieses Märchen erzählte ich bei der Beerdigung meines Vaters, der Arzt und sehr plötzlich
gestorben war. Aufgeschrieben in Wien, am 4. März 2004.

**Die alte Frau und der Tod** *aus dem deutschsprachigen Raum*

    Quelle: Elisabet Sklarek (Hrsg.): Ungarische Volksmärchen (Dieterich, Leipzig, 1901)
Als ich zwischen 1990 und 1992 mündlich zu erzählen begann, rekonstruierte ich dieses
Märchen aus der Erinnerung. Ich hatte es früh als Kind gehört oder gelesen. Im Internet
wird eine ausführlichere Form als ungarisches Märchen wiedergegeben (www.sagen.at).
Frau Wolle (www.frauwolle.at) erzählt diese Variante auf ihre besondere Weise.

**Die Frau im Mond** *aus Hawaii*

    Quelle: Burleigh Mutén: Märchen von weisen Frauen (Freies Geistesleben, Stuttgart, 2000)

**Der Meister der Teezeremonie** *aus Japan*

    Diese Geschichte hörte ich von Petra Michelic im ersten Lerngang „Märchen erzählen"
(1998/99) im Rahmen des Wiener Vereins „MAER". Sie hatte sie, soweit ich weiß, aus
dem Buch „Märchen von Männern" von Stephan Marks (Fischer Taschenbuch, Frankfurt
am Main, 1993).
Stellen Sie sich Klänge von John Cage zu dieser Geschichte vor. In Aufführungen verfloch-
ten die Musikerin Karen Schlimp und ich das japanische Märchen mit diesen Klängen
und der Stille zwischen ihnen. Es entstand dabei eine Verlangsamung und Zeitfülle, eine
Schärfe des Blicks auf den gegenwärtigen Moment, wie sie auch der Meister empfunden
haben könnte, als er auf Leben und Tod zu seiner Gelassenheit stand. Aufrechten Schrittes
findet er sich damit ab, keine Zeit mehr zu haben. Das Geschehen ist „auf Messers Schnei-
de". Wort ... Klang ... Wort ... Schritt ... Schritt. Den Atem hören. Leben entscheidet sich.
Das Gefühl, es gehe „um Leben und Tod", wird in der Geschichte auf die Spitze getrieben.
Den Moment, in dem jede Angst überwunden ist und nur noch das Tun von uns Besitz
ergreift, erleben manche auch auf dem Weg zu Prüfungen, Referaten oder Auftritten.
Im – zumeist nicht so spektakulären – Alltagsleben und auch im Traum, der Erlebtes
drastisch überzeichnet, können wir dieses Muster wieder finden. Das macht die Geschichte
in besonderer Weise wirklich ...

**Savitri und Satyavan** *aus Indien*

Quelle: Josephine Evetts-Secker & Helen Cann: Väter und Töchter. Märchen aus aller Welt (Urachhaus, Stuttgart, 1998)

Aufgeschrieben in Wien am 17. und 21. April 2012. Ich hörte, die älteste schriftlich bekannte Version dieser Geschichte sei im Mahabharata überliefert.

## *Lebenswege*

**Die eigene Farbe finden** *aus Mazedonien*

Quelle: Jan Vladislav & Dagmar Berková (übers. von Jan Vápenik): Warum die Bäume nicht mehr sprechen können (Dausien, Hanau, 1976)

Dieses Märchen war eines der ersten, die ich in mein Repertoire aufnahm. Ich wählte es aus Bedarf nach einem sehr farbigen, einfachen, lieben Erzählstoff, der für kleine Kinder und für das innere Kind aller geeignet ist. Es begleitet mich also seit ca. 1992 und wird oft weitererzählt.

**Die Kaiserin hat eine rote Nase** *aus Griechenland*

Quelle: Felix Karlinger (Hrsg.): Märchen griechischer Inseln und Märchen aus Malta (Rowohlt Taschenbuch, Reinbeck, 1993; Diederichs Märchen der Weltliteratur)

Das Märchen stammt von der Insel Rhodos. Ähnlich wie bei König Midas, über dessen geheime Eselsohren der Diener in seiner Not in ein Erdloch hineinerzählt, muss auch in diesem Märchen das Verborgene ans Licht. Hier jedoch endet die Geschichte nicht mit dem Gelächter der Masse, sondern durch eine weitere Wendung: Mithilfe des Waisenmädchens aus dem Volk, das der Kaiserin beim Stillen sehr nahe kommt, werden allzu hohe und allzu niedrige Menschen zusammengebracht und „alles wird gut". Volksmärchen denken gern systemisch.

**Der faule Lars** *aus Dänemark*

Quelle: Hannelore Marzi (Hrsg.): Märchen vom Glück (Fischer Taschenbuch, Frankfurt am Main, 1995; Fischer Reihe „Märchen der Welt") unter dem Titel „Die Wünsche"

**Wie der Drache Siebenklau ein Häppchen zu viel bekam** *deutsches Kunstmärchen*

Quelle: Johan Fabricius: Die Prinzessin von China und der Drache. Ein Märchen-Bilderbuch (Union Deutsche Verlagsgesellschaft, Stuttgart/Berlin/Leipzig, 1929)

**Vom Zigeuner, der Goldamsel und dem fürchterlichen Drachen** *Romamärchen*

Quelle: Karin Wolff & Ulrike Fey-Dorn: Kindermärchen der Sinti und Roma (Gütersloher Verlagshaus, Gütersloh, 1994)

Das Lied „Es sang vor langen Jahren ..." brachte vor ca. 15 Jahren Françoise Guiguet, die in der Gruppe „Ohrenblick!" mit mir auftrat und Musik mit Alltagsgegenständen machte, in die Performance dieses Märchens ein. Gesungen wird frei nach einer Komposition des zeitgenössischen estnischen Komponisten Arvo Pärt. Der Liedtext stammt von Clemens Brentano.

### Bär und Wildschwein auf Erkundungstour *aus Korea*
Quelle: Soh Ki Ho & Kurt Wölfflin: Die Perle des Drachenkönigs. Koreanische Märchen (Styria, Graz/Wien/Köln, 1973)

### Kaulu *aus Hawaii*
Quelle: Gabriele Hartinger-Irek & Roland Irek: Märchen aus Hawaii (Diederichs, München, 1997; Reihe „Die Märchen der Weltliteratur")

### Ein Schüler hat seinen Meister gefunden *chassidische Erzählung*
gehört 2010 von Jörg Baesecke (www.kleinstebuehne.de) in München, nach mündlicher Erfahrung am 11. August 2012 in Tunarica (Istrien) frei erzählt
Als ich begann, diese Geschichte zu erzählen, traf ich eine eigene Entscheidung: Ich löste sie aus dem Erzählstil der Chassidim heraus, der den Namen des Meisters und seines Wirkungsortes genau tradiert. Ich abstrahierte die Situation, denn ich hatte den Eindruck, dass der Schüler am eigenen Leibe etwas Zeitloses und Allgemeingültiges erfährt. Ich fühlte mich von der Geschichte, die mir bei einem Essen unerwartet erzählt worden war, persönlich berührt und erzählte sie aus dieser Erfahrung heraus. Ich fand in dieser Zeit (was mir sonst noch nie geschehen ist) übrigens zweimal zufällig auf der Straße einen Löffel.

### Das Brokatbild *aus Asien*
Quelle: Dietrich Steinwede (Hrsg.): Wenn Träume sich erfüllen, Märchen vom Wunderbaren im Alltag (Gütersloher Verlagshaus, Gütersloh, 1986)

### Kommen und Gehen *aus dem arabischen Raum*
Diese Geschichte hörte ich ca. 1994 bei einem „Philosophy for Children"-Kongress in New South Wales (Australien). Ein neuseeländischer Kollege setzte sie als Einstieg ins Philosophieren ein.
Das Vorkommen des Sultans, des Derwischs und des Karawan-Serail deutet darauf hin, dass diese Geschichte im arabischen Raum mündlich überliefert wurde.
Eine im Kern ähnliche Geschichte, die aus Deutschland stammt, erzählt der Märchenerzähler, Philosoph und Fremdenführer Christian Kayed (www.storyguide.at) in seinem Buch „Gast sein. Ein Lesebuch" ( Athesia, Bozen, 2003).

## Zu dumm ... oder weise?

**Wer pflügt?** *aus der Toskana*

> Quelle: Herbert Boltz (Hrsg.): Märchen aus der Toskana (Diogenes, Zürich, 2003)
> Immer wieder „brauche" ich als Erzählerin eine Geschichte, die ganz kurz ist. Diese ist eine meiner kürzesten Repertoire-Geschichten, sehr philosophisch.

**Nasreddin Hodscha** *türkisch/arabisch/persisch*

> Nasreddin Hodscha ist ein weiser Narr, der wie ein Magnet sonderbare Situationen anzieht; Situationen, in denen es um „eine andere Sicht der Dinge" geht.
> In einem interkulturellen Erzählseminar erlebte ich, wie Perser und Türken einander mit Liebe und Leidenschaft zu überzeugen versuchten, Nasreddin (oder Nasrudin) sei ihr Landsmann und das sei historisch belegt. Sie alle konnten Geburtsort und Grabstätte benennen. Wo also gehört der närrische Weise hin?

**Der Ring und Die Decke**

> Quelle: Herbert Melzig (Hrsg.): Wer den Duft des Essens verkauft. Schwänke und Anekdoten des türkischen Eulenspiegel (Rowohlt, Reinbek, 1988)

**Zwei Fragen**

> Diese Geschichte hörte ich ca. 2008 von Frau Wolle (www.frauwolle.at) auf einem Waldspaziergang und ich erzähle sie seitdem oft und gern. Ich danke ihr für die Zustimmung zur Aufnahme in dieses Buch.

**Glücklich verloren**

> hörte ich ca. 2005 von einer Seminarteilnehmerin im Jugendhaus Kassianeum Brixen (Südtirol).

**Sich ausweisen**

> gelesen im Jahresend-Mail von Christian Kayed (www.storyguide.at), ca. 2013; es ist außerdem sein Motto auf der Website mündlicher Erzählerinnen und Erzähler in Österreich und Südtirol (www.von-mund-zu-ohr.at).

**Den üblichen Weg gehen**

> Quelle: Mulla Nasruddin: Lebensphilosophie vom weisen Narren. Erzählt und erläutert von Michael Günther (Atmosphären Verlag, München, 2005) unter dem Titel „Die Abkürzung"

**Die Teetasse des Meisters** *aus Asien*

> Ich sehe mich ca. 2006 vor meinem Märchenbücherregal stehen und erinnere mich, wie sich das Buch in meiner Hand anfühlte. Klein, fest gebunden, sehr handlich, etwas älter. Darin las ich diese Geschichte. Irgendwie gefiel sie mir, aber es ergab sich vorerst

keine geeignete Erzählgelegenheit. Erst ungefähr 2009 geriet ich in eine Situation, in der der verschmitzte Schüler zu den Zuhörenden wollte. Etwas später stellte sich heraus, dass es auch eine Schülerin gewesen sein könnte, ja, wahrscheinlich war. Nur, wo das Buch hingekommen ist, ist mir ein Rätsel. Ich habe alle vorhandenen ähnlichen genau durchgesehen, habe aber die Textfassung, von der diese Geschichte ausgeht, nicht und nicht finden können.

**Der verkaufte Traum und Das Glöckchen** *aus Japan*
Quelle: Miroslav Novák & Zlata Černá: Japanische Märchen und Volkserzählungen (Dausien, Hanau, 1970)

**Achmeds Furz** *in Österreich überliefert*
Diese Geschichte hatte Ulrike Csisinko im Rahmen der „International Travelling School" in Slowenien auf Englisch von einem österreichischen Freund gehört, der sie damals wohl des Öfteren erzählte.
Sie gab sie im Erzählkreis des Wiener Vereins MAER ca. 1993 zum Besten. Unmittelbar danach wurde sie von den Beteiligten des Erzählkreises häufig wieder- und dann auch weitererzählt. Herwig Eberle fügte ihr die Idee einer „neuen Zeitrechnung", die Achmed begründet habe, hinzu.
„Achmeds Furz" verschwand dann eine Weile fast völlig aus diesem mündlichen Feld und tauchte nach über zehn Jahren wieder auf.
„Unflätige" Themen können für kindliche und erwachsene ZuhörerInnenkreise sehr vergnüglich sein. Sie stammen aus dem Eifer mündlicher Erzähler, aus ihrem Publikum „möglichst viel herauszuholen" und gute Stimmung zu machen, gerne auch durch Überschreiten von Tabus.
Auch von Nasreddin Hodscha gibt es dazu eine Variante: Hier tritt Nasreddins Tischnachbar bei einem festlichen Bankett auf eine knarrende Bodendiele, um den Klang seines Furzes zu überdecken. „Das Geräusch hast du vorzüglich nachgeahmt", lobt der weise Narr, „aber wie machst du es mit dem Gestank?"

**Ein Papagei – gefangen und frei** *in den USA überliefert*
Gehört ca. 2001 von Gioia Timpanelli (www.gioiatimpanelli.com) bei „Graz erzählt". Als ich sie fragte, ob ich sie weitererzählen dürfe, stimmte sie freundlich zu.

**Des Königs Pferd – des Königs Narr** *in Österreich überliefert*
Diese Geschichte hörte ich ca. 1999 vom Erzähler Czepeto (Peter Czerny) auf einem Waldspaziergang.

**Die gerupfte Gans** *aus der Türkei*

> Quelle: Ethel Johnston Phelps & Gabriele Dietz (Hrsg.): Mensch Märchen (Elefanten Press bei Bertelsmann, Berlin, 1994)

**Der Wunsch der Wahrheit** *in den USA überliefert*

> Quelle: Joel Ben Izzy: Der Geschichtenerzähler oder das Geheimnis des Glücks (Herder Spektrum, Freiburg im Breisgau, 2005)

**Der Wünschebaum** *in Frankreich überliefert*

> Quelle: Jean-Claude Carrière: Der Kreis der Lügner. Die Weisheit der Welt in Geschichten (Diana, München, 1999); aufgeschrieben am 11. August 2012 in Tunarica (Istrien)

**Ein begabter Großwesir** *im deutschsprachigen Raum überliefert*

> Quelle: Gerhard Reichel: Der Indianer & die Grille. 238 Storys zum Nachdenken und Weitererzählen (Reichel, Forchheim, 1999) unter dem Titel: „Es fällt kein Meister vom Himmel"

**Margarete Wenzel** wurde 1964 in Wien geboren und hat auf Grenzgängen zwischen Philosophie, Stimmarbeit und Improvisationstheater zum Märchenerzählen gefunden. Sie lebt freischaffend vom Seminare-Leiten und von Erzählauftritten sowie von der Konzeption und Durchführung von Storytelling-Projekten. Sie erforscht leidenschaftlich die Wirkungen und Eigenarten des mündlichen (und schriftlichen) Erzählens. www.maerchenakademie-wien.at

**Anita Ortner** wurde 1974 in Schwaz (Tirol) geboren und betrieb nach ihrer Ausbildung zur Diplomierten Bildhauerin in Wien Steinbildhauerei und Restaurationsarbeiten. Heute ist sie im eigenen Atelier als Illustratorin tätig. www.igo-illustration.at